Weihnachten ist die Zeit der Wünsche und Träume – und es ist Märchenzeit!

Die schönsten Weihnachtsmärchen sind in diesem Band versammelt. Sie erzählen davon, wie der hölzerne Joseph zum Leben erwachte, und vom kleinen Tannenbaum, der sich nichts sehnlicher wünschte, als ein Weihnachtsbaum zu sein. Sie entführen uns ins Reich der Elbenkönigin Hildur und in die Backstube des Christkinds, schildern uns die Nöte des Nikolaus und die Erlebnisse eines Engels, der zur Erde kommt, um den Menschen die Geschenke des Herrn zu überbringen.

insel taschenbuch 4601

Die schönsten Weihnachtsmärchen

Die schönsten Weihnachtsmärchen

Ausgewählt von Gesine Dammel

INSEL VERLAG

Erste Auflage 2017
insel taschenbuch 4601
Originalausgabe

Quellenverzeichnis am Schluss des Bandes
Vertrieb durch den Suhrkamp Taschenbuch Verlag
Umschlag: Burkhard Neie, Berlin
Satz: Satz-Offizin Hümmer GmbH, Waldbüttelbrunn
Druck: CPI – Ebner & Spiegel, Ulm
Printed in Germany
ISBN 978-3-458-36301-9

INHALT

DER WEG INS HIMMELREICH

DER WEIHNACHTSBAUM

VOM CHRISTKIND UND VOM NIKOLAUS

WENN'S WIEDER GESCHÄHE –
WIE VOR LANGER ZEIT

JACOB UND WILHELM GRIMM

Der goldene Schlüssel

Zur Winterszeit, als einmal ein tiefer Schnee lag, mußte ein armer Junge hinausgehen und Holz auf einem Schlitten holen. Wie er es nun zusammengesucht und aufgeladen hatte, wollte er, weil er so erfroren war, noch nicht nach Haus gehen, sondern erst Feuer anmachen und sich ein bißchen wärmen. Da scharrte er den Schnee weg, und wie er so den Erdboden aufräumte, fand er einen kleinen goldenen Schlüssel. Nun glaubte er, wo der Schlüssel wäre, müßte auch das Schloß dazu sein, grub in der Erde und fand ein eisernes Kästchen. »Wenn der Schlüssel nur paßt!« dachte er, »es sind gewiß kostbare Sachen in dem Kästchen.« Er suchte, aber es war kein Schlüsselloch da, endlich entdeckte er eins, aber so klein, daß man es kaum sehen konnte. Er probierte und der Schlüssel paßte glücklich. Da drehte er einmal herum, und nun müssen wir warten, bis er vollends aufgeschlossen und den Deckel aufgemacht hat, dann werden wir erfahren, was für wunderbare Sachen in dem Kästchen lagen.

GESCHICHTEN AUS DEM STALL

SELMA LAGERLÖF

Die Heilige Nacht

Als ich fünf Jahre alt war, hatte ich einen großen Kummer. Ich weiß kaum, ob ich seitdem einen größeren gehabt habe. Das war, als meine Großmutter starb. Bis dahin hatte sie jeden Tag auf dem Ecksofa in ihrer Stube gesessen und Märchen erzählt.

Ich weiß es nicht anders, als daß Großmutter dasaß und erzählte, vom Morgen bis zum Abend, und wir Kinder saßen still neben ihr und hörten zu. Das war ein herrliches Leben. Es gab keine Kinder, denen es so gut ging wie uns. Ich erinnere mich nicht an sehr viel von meiner Großmutter. Ich erinnere mich, daß sie schönes, kreideweißes Haar hatte und daß sie sehr gebückt ging und daß sie immer dasaß und an einem Strumpf strickte.

Dann erinnere ich mich auch, daß sie, wenn sie ein Märchen erzählt hatte, ihre Hand auf meinen Kopf zu legen pflegte, und dann sagte sie: »Und das alles ist so wahr, wie daß ich dich sehe und du mich siehst.«

Ich entsinne mich auch, daß sie schöne Lieder singen konnte, aber das tat sie nicht alle Tage. Eines dieser Lieder handelte von einem Ritter und einer Meerjungfrau, und es hatte den Kehrreim: »Es weht so kalt, es weht so kalt, wohl über die weite See.«

Dann entsinne ich mich eines kleinen Gebets, das sie mich lehrte, und eines Psalmverses.

Von allen den Geschichten, die sie mir erzählte, habe ich nur eine schwache, unklare Erinnerung. Nur an eine einzige von ihnen erinnere ich mich so gut, daß ich sie erzählen könnte. Es ist eine kleine Geschichte von Jesu Geburt.

Seht, das ist beinah alles, was ich noch von meiner Großmutter weiß, außer dem, woran ich mich am besten erinnere, nämlich dem großen Schmerz, als sie dahinging. Ich erinnere mich an den Morgen, an dem das Ecksofa leer stand und es unmöglich war, zu begreifen, wie die Stunden des Tages zu Ende gehen sollten. Daran erinnere ich mich. Das vergesse ich nie.

Und ich erinnere mich, daß wir Kinder hingeführt wurden, um die Hand der Toten zu küssen. Und wir hatten Angst, es zu tun, aber da sagte uns jemand, daß wir nun zum letzten Mal Großmutter für alle die Freude danken könnten, die sie uns gebracht hatte.

Und ich erinnere mich, wie Märchen und Lieder vom Hause wegfuhren, in einen langen, schwarzen Sarg gepackt, und niemals wiederkamen.

Ich erinnere mich, daß etwas aus dem Leben verschwunden war. Es war, als hätte sich die Tür zu einer ganzen schönen, verzauberten Welt geschlossen, in der wir früher frei aus und ein gehen durften. Und nun gab es niemand mehr, der sich darauf verstand, diese Tür zu öffnen.

Und ich erinnere mich, daß wir Kinder so allmählich lernten, mit Spielzeug und Puppen zu spielen und zu leben wie andere Kinder auch, und da konnte es ja den Anschein haben, als vermißten wir Großmutter nicht mehr, als erinnerten wir uns nicht mehr an sie.

Aber noch heute, nach vierzig Jahren, wie ich dasitze und die Legenden über Christus sammle, die ich drüben im Morgenland gehört habe, wacht die kleine Geschichte von Jesu Geburt, die meine Großmutter zu erzählen pflegte, in mir auf. Und ich bekomme Lust, sie noch einmal zu erzählen und sie auch in meine Sammlung mit aufzunehmen.

Es war an einem Weihnachtstag, alle waren zur Kirche gefahren, außer Großmutter und mir. Ich glaube, wir beide waren im ganzen Hause allein. Wir hatten nicht mitfahren können, weil die eine zu jung und die andere zu alt war. Und alle beide waren wir betrübt, daß wir nicht zum Mettegesang fahren und die Weihnachtslichter sehen konnten. Aber wie wir so in unserer Einsamkeit saßen, fing Großmutter zu erzählen an.

»Es war einmal ein Mann«, sagte sie, »der in die dunkle Nacht hinausging, um sich Feuer zu leihen. Er ging von Haus zu Haus und klopfte an. ›Ihr lieben Leute, helft mir!‹ sagte er. ›Mein Weib hat eben ein Kindlein geboren, und ich muß Feuer anzünden, um sie und den Kleinen zu erwärmen.‹ Aber es war tiefe Nacht, so daß alle Menschen schliefen, und niemand antwortete ihm.

Der Mann ging und ging. Endlich erblickte er in weiter Ferne einen Feuerschein. Da wanderte er dieser Richtung zu und sah, daß das Feuer im Freien brannte. Eine Menge weißer Schafe lagen rings um das Feuer und schliefen, und ein alter Hirt wachte über der Herde. Als der Mann, der Feuer leihen wollte, zu den Schafen kam, sah er, daß drei große Hunde zu Füßen des Hirten ruhten und schliefen. Sie erwachten alle drei bei seinem Kommen und sperrten ihre weiten Rachen auf, als ob sie bellen wollten, aber man vernahm keinen Laut. Der Mann sah, daß sich die Haare auf ihrem Rücken sträubten, er sah, wie ihre scharfen Zähne funkelnd weiß im Feuerschein leuchteten und wie sie auf ihn losstürzten. Er fühlte, daß einer von ihnen nach seinen Beinen schnappte und einer nach seiner Hand und daß einer sich an seine Kehle hängte. Aber die Kinnladen und die Zähne, mit denen die Hunde beißen wollten, gehorchten ihnen nicht, und der Mann litt nicht den kleinsten Schaden. Nun wollte der Mann weitergehen, um das zu finden, was er brauchte. Aber die Schafe lagen so dicht nebeneinander, Rücken an Rücken, daß er nicht vorwärtskommen konnte. Da stieg der Mann auf die Rücken der Tiere und wanderte über sie hin dem Feuer zu. Und keins von den Tieren wachte auf oder regte sich.«

So weit hatte Großmutter ungestört erzählen können, aber nun konnte ich es nicht lassen, sie zu unterbrechen. »Warum regten sie sich nicht, Großmutter?« fragte ich. »Das wirst du nach einem Weilchen schon erfahren«, sagte Großmutter und fuhr mit ihrer Geschichte fort.

»Als der Mann fast beim Feuer angelangt war, sah der Hirt auf. Es war ein alter, mürrischer Mann, der unwirsch und hart gegen alle Menschen war. Und als er einen Fremden kommen sah, griff er nach seinem langen, spitzigen Stabe, den er in der Hand zu halten pflegte, wenn er seine Herde hütete, und warf ihn nach ihm. Und der Stab fuhr zischend gerade auf den Mann los, aber ehe er ihn traf, wich er zur Seite und sauste, an ihm vorbei, weit über das Feld.«

Als Großmutter so weit gekommen war, unterbrach ich sie abermals. »Großmutter, warum wollte der Stock den Mann nicht schlagen?« Aber Großmutter ließ es sich nicht einfallen, mir zu antworten, sondern fuhr mit ihrer Erzählung fort.

»Nun kam der Mann zu dem Hirten und sagte zu ihm: ›Guter Freund, hilf mir, und leih mir ein wenig Feuer. Mein Weib hat eben ein Kindlein geboren, und ich muß Feuer machen, um sie und den Kleinen zu erwärmen.‹ Der Hirt hätte am liebsten nein gesagt, aber als er daran dachte, daß die Hunde dem Manne nicht hatten schaden können, daß die Schafe nicht vor ihm davongelaufen waren und daß sein Stab ihn nicht fällen wollte, da wurde ihm ein wenig bange, und er wagte es nicht, dem Fremden das abzuschlagen, was er begehrte. ›Nimm, soviel du brauchst‹, sagte er zu dem Manne.

Aber das Feuer war beinahe ausgebrannt. Es waren keine Scheite und Zweige mehr übrig, sondern nur ein großer Gluthaufen, und der Fremde hatte weder Schaufel noch Eimer, worin er die roten Kohlen hätte tragen können.

Als der Hirt dies sah, sagte er abermals: ›Nimm, soviel du brauchst!‹ Und er freute sich, daß der Mann kein Feuer wegtragen konnte. Aber der Mann beugte sich hinunter, holte die Kohlen mit bloßen Händen aus der Asche und legte sie in seinen Mantel. Und weder versengten die Kohlen seine Hände, als er sie berührte, noch versengten sie seinen Mantel, sondern der Mann trug sie fort, als wenn es Nüsse oder Äpfel gewesen wären.«

Aber hier wurde die Märchenerzählerin zum dritten Mal unterbrochen. »Großmutter, warum wollte die Kohle den Mann nicht brennen?«

»Das wirst du schon hören«, sagte Großmutter, und dann erzählte sie weiter.

»Als dieser Hirt, der ein so böser, mürrischer Mann war, dies alles sah, begann er sich bei sich selbst zu wundern: ›Was kann dies für eine Nacht sein, wo die Hunde die Schafe nicht beißen, die Schafe nicht erschrecken, die Lanze nicht tötet und das Feuer nicht brennt?‹ Er rief den Fremden zurück und sagte zu ihm: ›Was ist dies für eine Nacht? Und woher kommt es, daß alle Dinge dir Barmherzigkeit zeigen?‹

Da sagte der Mann: ›Ich kann es dir nicht sagen, wenn du selber es nicht siehst.‹ Und er wollte seiner Wege gehen, um bald ein Feuer anzünden und Weib und Kind wärmen zu können.
Aber da dachte der Hirt, er wolle den Mann nicht ganz aus dem Gesicht verlieren, bevor er erfahren hätte, was dies alles bedeute. Er stand auf und ging ihm nach, bis er dorthin kam, wo der Fremde daheim war.
Da sah der Hirt, daß der Mann nicht einmal eine Hütte hatte, um darin zu wohnen, sondern er hatte sein Weib und sein Kind in einer Berggrotte liegen, wo es nichts gab als nackte, kalte Steinwände.
Aber der Hirt dachte, daß das arme unschuldige Kindlein vielleicht dort in der Grotte erfrieren würde, und obgleich er ein harter Mann war, wurde er davon doch ergriffen und beschloß, dem Kinde zu helfen. Und er löste sein Ränzel von der Schulter und nahm daraus ein weiches, weißes Schaffell hervor. Das gab er dem fremden Manne und sagte, er möge das Kind darauf betten.
Aber in demselben Augenblick, in dem er zeigte, daß auch er barmherzig sein konnte, wurden ihm die Augen geöffnet, und er sah, was er vorher nicht hatte sehen, und hörte, was er vorher nicht hatte hören können.
Er sah, daß rund um ihn ein dichter Kreis von kleinen, silberbeflügelten Englein stand. Und jedes von ihnen hielt ein Saitenspiel in der Hand, und alle sangen sie mit lauter Stimme, daß in dieser Nacht der Heiland geboren wäre, der die Welt von ihren Sünden erlösen solle.
Da begriff er, warum in dieser Nacht alle Dinge so froh waren, daß sie niemand etwas zuleide tun wollten. Und nicht nur rings um den Hirten waren Engel, sondern er sah sie

überall. Sie saßen in der Grotte, und sie saßen auf dem Berge, und sie flogen unter dem Himmel. Sie kamen in großen Scharen über den Weg gegangen, und wie sie vorbeikamen, blieben sie stehen und warfen einen Blick auf das Kind. Es herrschte eitel Jubel und Freude und Singen und Spiel, und das alles sah er in der dunklen Nacht, in der er früher nichts zu gewahren vermocht hatte. Und er wurde so froh, daß seine Augen geöffnet waren, daß er auf die Knie fiel und Gott dankte.«

Aber als Großmutter soweit gekommen war, seufzte sie und sagte: »Aber was der Hirte sah, das könnten wir auch sehen, denn die Engel fliegen in jeder Weihnachtsnacht unter dem Himmel, wenn wir sie nur zu gewahren vermögen.«

Und dann legte Großmutter ihre Hand auf meinen Kopf und sagte: »Dies sollst du dir merken, denn es ist so wahr, wie daß ich dich sehe und du mich siehst. Nicht auf Lichter und Lampen kommt es an, und es liegt nicht an Mond und Sonne, sondern was not tut, ist, daß wir Augen haben, die Gottes Herrlichkeit sehen können.«

JULES SUPERVIELLE

Der Ochs und der Esel im Stall zu Bethlehem

Auf der Straße nach Bethlehem trug der von Joseph geführte Esel die Jungfrau Maria: Sie war keine schwere Last, so ausschließlich war sie mit der Zukunft in ihrem Schoße beschäftigt.

Der Ochse kam hinterdrein, ganz für sich alleine.

Als sie die Stadt erreicht hatten, begaben die Reisenden sich in einen verlassenen Stall, und Joseph machte sich sogleich an die Arbeit.

»Wie erstaunlich sind doch diese Menschen«, dachte der Ochse bei sich. »Sieh mal einer an, was die mit ihren Händen und Armen alles zuwege bringen. Das ist wahrhaftig mehr wert als unsere Hufe und unsere Fesseln. Und unser Herr ist einfach unübertrefflich, wenn es sich darum handelt, zu basteln und Sachen herzurichten, das Krumme gerade zu biegen und das Gerade zu krümmen, ohne Bedauern noch Schwermut alles Erforderliche zu tun.«

Joseph geht hinaus, kommt jedoch schon gleich wieder und trägt auf seinem Rücken Stroh herbei, aber was für ein Stroh, so kräftig und durchsonnt, dass es schon der Ansatz zu einem Wunder ist.

»Was wird denn da vorbereitet?«, fragt sich der Esel. »Es sieht so aus, als machten sie ein kleines Kinderbett.«

»Heute Nacht werden wir euch vielleicht nötig haben«, sagt die Jungfrau zum Ochsen und zum Esel.

Die Tiere schauen sich lange an und bemühen sich, zu verstehen, dann legen sie sich nieder.

Eine schwerelose Stimme, die jedoch eben den Himmel durchquert hat, weckt sie bald auf.
Der Ochs erhebt sich, stellt fest, dass in der Krippe ein nacktes Kind liegt, das schläft, und beginnt es genau und methodisch mit seinem Atem zu wärmen, ohne irgendetwas zu vergessen.
Die Jungfrau dankt ihm mit einem lächelnden Blick.
Beschwingte Wesen kommen und gehen und geben vor, die Wände gar nicht zu bemerken, die sie mit solcher Leichtigkeit durchqueren.
Joseph kehrt mit Windeln zurück, die eine Nachbarin geliehen hat.
»Es ist wunderbar«, sagt er mit seiner Zimmermannstimme, die in Anbetracht der Umstände ein wenig zu laut dröhnt. »Es ist Mitternacht, und doch ist es taghell. Und es hat drei Sonnen statt einer. Aber sie suchen zusammenzukommen.«
Im Morgengrauen erhebt sich der Ochse; er setzt seine Hufe behutsam auf, weil er fürchtet, das Kind zu wecken, eine himmlische Blüte zu zertreten oder einem Engel wehzutun.
Wie wunderbar schwierig doch alles geworden ist!
Nachbarn kommen, um Jesus und die Jungfrau zu besuchen. Es sind arme Leute, die nichts zu schenken haben außer ihrem strahlenden Gesicht. Dann kommen andere, die Nüsse bringen, eine kleine Flöte.
Der Ochs und der Esel drücken sich ein wenig auf die Seite, um den Durchgang freizugeben, und fragen sich, welchen Eindruck sie selber wohl auf das Kind machen werden, das sie noch nicht erblickt hat. Es ist eben aufgewacht.
»Wir sind keine Ungeheuer«, sagt der Esel.
»Aber verstehst du, mit unserer Gestalt, die so gar nicht wie

seine ist oder wie die seiner Eltern, könnten wir es erschrecken.«

»Die Krippe, der Stall und sein Dach mit den Balken haben auch nicht seine Gestalt, und doch haben sie es nicht erschreckt.«

Aber der Ochse war nicht überzeugt. Er dachte an seine Hörner und sagte sich sinnend: »Es ist wirklich sehr hart, dass man sich denen, die man am meisten liebt, nicht nähern kann, ohne bedrohlich zu wirken. Ich muss immer auf der Hut sein, um niemanden zu verletzen; dabei liegt es mir von Natur aus fern, Menschen oder Dingen gegenüber ohne schwerwiegenden Grund ausfällig zu werden. Ich bin kein Schädling und kein giftiges Wesen. Aber wo immer ich hingehe, sind meine Hörner sogleich ebenfalls zur Stelle, und ich wache mit ihnen auf, und sogar wenn ich vor Schlaf umfalle und mich in Dunst auflöse, sind die beiden Spitzigen da, die beiden Harten, und lassen mich nicht in Ruhe.«

Der Ochse wurde von großem Schrecken gepackt, als er daran dachte, wie sehr er sich dem Kind genähert hatte, um es zu wärmen. Und wenn er es aus Versehen mit einem Horn gestoßen hätte!

»Du darfst dich dem Kind nicht zu sehr nähern«, sagte der Esel, der die Gedanken seines Gefährten erraten hatte. »Lass es dir nicht im Traum einfallen, denn du könntest es verletzen. Außerdem könntest du ein wenig von deinem Geifer, den du nie recht zurückhältst, auf das Kind tropfen lassen, und das wäre unappetitlich. Überhaupt, warum sabberst du eigentlich so, wenn du glücklich bist? Behalte das doch für dich. Du brauchst es nicht aller Welt zu zeigen.«

(Schweigen des Ochsen.)

»Ich hingegen will ihm meine beiden Ohren darbringen. Die bewegen sich, verstehst du, die wackeln in allen Richtungen, die haben keine Knochen und fühlen sich weich an. Sie flößen Furcht ein und beruhigen gleichzeitig. Genau was es braucht, um ein Kind zu belustigen, und zudem lehrreich für sein Alter.«
»Ja, ich verstehe, ich habe nie das Gegenteil behauptet. Ich bin schließlich kein Idiot.«
Aber da der Esel wirklich allzu befriedigt dreinschaute, fügte der Ochse hinzu: »Aber lass es dir nicht einfallen, ihm ins Gesicht zu iahen. Du würdest es umbringen.«
»Einfaltspinsel!«, sagte der Esel.

Der Esel steht zur Linken der Krippe und der Ochse zur Rechten, an dem Platz, den sie im Augenblick der Geburt Jesu einnahmen und den der Ochse, der auf eine gewisse Förmlichkeit hält, besonders bevorzugt. Unbeweglich und ehrfürchtig verharren sie stundenlang so, als stünden sie irgendeinem unsichtbaren Maler Modell.
Das Kind schließt die Augenlider. Es möchte schnell wieder einschlafen. Ein leuchtender Engel erwartet es ein paar Schritte hinter dem Schlaf, um etwas mitzuteilen oder vielleicht auch etwas zu fragen.
Der Engel tritt ganz leibhaftig aus Jesu Traum und erscheint im Stall. Nachdem er sich vor dem eben Geborenen verneigt hat, malt er einen sehr reinen Nimbus um seinen Kopf. Und dann einen für die Jungfrau und einen dritten für Joseph. Dann entfernt er sich im blendenden Glanz von Flügeln und Federn, deren sich unablässig erneuerndes und rauschendes Weiß an das der Gezeiten erinnert.
»Für uns gibt es keinen Nimbus«, stellt der Ochse fest. »Si-

cher hat der Engel seine Gründe. Wir sind zu gering, der Esel und ich. Und zudem, was haben wir schon getan, um diesen Heiligenschein zu verdienen?«

»Du hast einmal sicher nichts getan, aber du vergisst, dass ich die Jungfrau getragen habe.«

Der Ochse denkt bei sich: »Wie ist es nur möglich, dass die so liebliche und so leichte Jungfrau dieses schöne Kindlein in sich barg?«

Aber vielleicht hat er laut gedacht. Denn der Esel antwortet ihm: »Es gibt eben Dinge, die du nicht verstehen kannst.«

»Warum sagst du immer, dass ich nichts verstehe? Ich habe länger gelebt als du. Ich habe in den Bergen gearbeitet, in den Ebenen und nahe am Meer.«

»Darum geht es nicht«, versetzt der Esel.

Und dann: »Es ist nicht nur der Nimbus. Ich bin sicher, Ochse, dass du gar nicht bemerkt hast, in was für einer Art wunderbarem Staub das Kind badet, oder eigentlich ist es etwas Besseres als Staub.«

»Es ist viel zarter«, sagt der Ochse. »Es ist wie ein Licht, ein goldener Dunst, der von dem kleinen Körper ausgeht.«

»Gewiss, aber das sagst du jetzt, um den Anschein zu erwecken, du hättest ihn gesehen.«

»Hatte ich ihn etwa nicht gesehen?«

Der Ochse zieht den Esel in eine Ecke des Stalls, wo der Wiederkäuer zum Zeichen der Anbetung ein Zweiglein ausgelegt und sinnreich mit Strohhalmen umrahmt hat, die trefflich die Ausstrahlungen des göttlichen Fleisches darstellen. Es ist die erste Kapelle. Dieses Stroh hatte der Ochse von draußen hereingebracht. Das aus der Krippe getraute er sich nicht anzurühren: Da es lecker war, hatte er eine abergläubische Furcht davor.

Der Ochs und der Esel sind hinausgegangen, um bis zum Einbruch der Nacht zu weiden. Obwohl die Steine im Allgemeinen sehr lange brauchen, um zu begreifen, gab es auf den Feldern schon viele, die Bescheid wussten. Sie begegneten sogar einem Kiesel, der sie durch eine kleine Veränderung der Farbe und der Form benachrichtigte, dass er auf dem Laufenden war.

Es gab auch wissende Wiesenblumen, die verschönt werden mussten. Es war ein mühseliges Unterfangen, auf dem Land zu weiden, ohne einen Frevel zu begehen. Und das Essen kam dem Ochsen immer überflüssiger vor. Das Glück sättigte ihn.

Auch bevor er trank, fragte er sich: »Ob dieses Wasser weiß?«

Im Zweifel zog er es vor, nicht davon zu trinken, sondern ging etwas weiter weg zu einem schlammigen Wasser, welches offenkundig noch keine Ahnung hatte.

Und zuweilen wurde er durch nichts anderes aufgeklärt als eine unendliche Süße in seiner Kehle, wenn er das Wasser hinunterschluckte.

»Zu spät«, dachte der Ochse, »ich hätte nicht davon trinken sollen.«

Er wagte kaum zu atmen, die Luft schien ihm etwas Geheiligtes zu sein, das ganz genau auf dem Laufenden war. Er fürchtete, einen Engel einzuatmen.

Der Ochse schämte sich, weil er sich nicht immer so sauber fühlte, wie er gewünscht hätte.

»Nun gut, ich muss eben sauberer sein als früher. Ganz einfach. Ich muss nur aufpassen. Schauen, wo ich meine Füße hinsetze.«

Der Esel fühlte sich wohl.
Die Sonne fiel in den Stall, und die beiden Tiere stritten sich um die Ehre, dem Kind Schatten zu spenden.
»Ein bisschen Sonne würde ihm vielleicht auch nicht schaden«, dachte der Ochse, »aber der Esel wird wieder behaupten, ich verstünde nichts davon.«
Das Kind schlief weiter, und zuweilen dachte es in seinem Schlafe nach und runzelte die Brauen.
Eines Tages drehte der Esel den Kleinen mit der Schnauze sachte zu sich herum, während die Jungfrau unter der Tür tausend von zukünftigen Christen gestellte Fragen beantwortete.
Aber als Maria zu ihrem Sohn zurückkehrte, packte sie ein großer Schrecken: Sie suchte beharrlich das Gesicht des Kindes dort, wo sie es zuletzt gesehen hatte.
Als sie merkte, was vorgefallen war, gab sie dem Esel zu verstehen, dass es sich gehörte, das Kind nicht anzurühren. Der Ochse pflichtete mit einem Schweigen von außerordentlicher Güte bei. Er verstand es, seinem Stummbleiben einen Rhythmus aufzuprägen – Schattierungen, eine Interpunktion. An kalten Tagen konnte man seine Gedankengänge unschwer an der Länge der Dampfsäule verfolgen, die aus seinen Nüstern aufstieg. Und gar manches daraus herauslesen.
Der Ochse hielt sich nur für befugt, dem Kind mittelbare Dienste zu erweisen, indem er etwa die Fliegen im Stall anlockte (jeden Morgen rieb er sich an einem wilden Bienenstock) oder Insekten an der Wand zerdrückte.
Der Esel lauerte auf die Geräusche von draußen, und wenn ihm etwas verdächtig vorkam, versperrte er den Eingang. Sogleich stellte der Ochse sich als Verstärkung hinter ihn.

Sie machten sich beide möglichst schwer: Solange die Gefahr dauerte, füllten ihr Kopf und ihr Leib sich mit Blei und Granit. Aber ihre Augen leuchteten wachsamer denn je.

Der Ochse stellte verblüfft fest, dass die Jungfrau die Gabe besaß, das Kind zum Lächeln zu bringen, sooft sie an die Krippe trat. Joseph gelang dies trotz seines Bartes ohne Mühe, sei es durch seine bloße Gegenwart oder indem er etwas auf der Flöte spielte. Der Ochse hätte auch etwas spielen mögen. Im Grunde genügte es ja, zu blasen.
»Ich will dem Alten nichts Böses nachreden, aber ich meine, dass er mit seinem Atem das Jesuskind nicht zu erwärmen vermocht hätte. Und was die Flöte angeht, so müsste ich nur einmal mit dem Kleinen alleine sein: Dann schüchtert er mich nämlich nicht mehr ein. Er wird wieder zu einem schutzbedürftigen Wesen. Und ein Ochse ist sich schließlich seiner Stärke bewusst.«
Wenn sie gemeinsam auf den Feldern weideten, kam es häufig vor, dass der Ochse den Esel verließ.
»Wo gehst du denn hin?«
»Ich komme gleich wieder.«
»Aber wo gehst du denn hin?«, beharrte der Esel.
»Ich will nur schnell schauen, ob ihm nichts fehlt. Man kann nie wissen.«
»Aber so lass ihn doch in Ruhe!«
Der Ochse ging. Es gab im Stall eine Art Guckloch – was aus ebendiesem Grunde später ein Bullauge genannt werden sollte –, das dem Tier von außen hereinzuschauen erlaubte.
Eines Tages stellte der Ochse fest, dass Maria und Joseph abwesend waren. Er sah die Flöte auf einer Bank, in Reich-

weite seines Mauls und zudem nicht zu weit vom Kind entfernt und auch nicht zu nahe bei ihm.
»Was könnte ich ihm wohl vorspielen?«, fragte sich der Ochse, der sich Jesu Ohr nur dank diesem musikalischen Vermittler zu nähern wagte. »Das Lied des Landmanns? Das Kriegslied des tapferen kleinen Stiers oder die verzauberte Färse?«
Oft tun die Ochsen dergleichen, als seien sie mit Wiederkäuen beschäftigt, während sie im Grunde ihres Gemüts singen.
Der Ochse blies sachte in die Flöte, und es ist durchaus nicht erwiesen, dass ein Engel ihm geholfen hat, so reine Töne hervorzubringen. Das Kind richtete Kopf und Schultern ein wenig aus seinem Lager auf, um ihn zu sehen. Indessen war der Flötenspieler mit dem Ergebnis unzufrieden. Aber er war fest überzeugt, dass ihn wenigstens niemand draußen gehört hatte. Doch er täuschte sich.
Er entwich schnell, aus Furcht, irgendjemand und vor allem der Esel könnte hereinkommen und ihn allzu nahe bei der kleinen Flöte ertappen.

»Komm und schau es dir an«, sagte die Jungfrau eines Tages zum Ochsen. »Warum näherst du dich meinem Kind jetzt nie mehr, nachdem du es doch so schön gewärmt hast, als es noch ganz nackt war?«
Ermutigt trat der Ochse ganz nahe an Jesus heran, der sein Maul mit beiden Händen fasste, um ihm alle Befangenheit zu nehmen. Der Ochse hielt seinen nunmehr unnötigen Atem zurück. Jesus lächelte. Die Freude des Ochsen war stumm. Sie hatte ganz und gar die Gestalt seines Körpers angenommen und erfüllte ihn bis in die Spitzen seiner Hörner.

Das Kind schaute abwechselnd den Esel und den Ochsen an, den ein wenig zu selbstbewussten Esel und den Ochsen, der sich unbeschreiblich dicht und undurchlässig fühlte neben diesem Gesicht, das sachte von innen erleuchtet wurde, als sähe man hinter leichten Vorhängen eine Lampe in einer sehr kleinen und fernen Wohnstatt von einer Stube in eine andere gleiten.

Als das Kind den düsteren Ausdruck des Ochsen gewahrte, musste es schallend lachen.

Das Tier konnte sich dieses Lachen nicht recht deuten und fragte sich, ob der Kleine sich nicht etwa lustig machte. Sollte er inskünftig mehr Zurückhaltung an den Tag legen? Oder sogar fortgehen?

Da lachte der Kleine von Neuem, und zwar mit einem so strahlenden und, wie ihm vorkam, so söhnlichen Lachen, dass der Ochse einsah, dass er recht gehabt hatte, zu bleiben.

Die Jungfrau und ihr Sohn schauten sich häufig aus nächster Nähe an. Und sie wetteiferten darin, aufeinander stolz zu sein.

»Mir scheint, dass alles eitel Freude sein sollte«, dachte der Ochse, »nie gab es eine reinere Mutter oder ein schöneres Kind. Aber zuweilen machen sie alle beide ein so ernstes Gesicht!«

Der Ochs und der Esel schickten sich eben an, in den Stall zurückzukehren. Nachdem der Ochse noch einmal genau hingeschaut hatte, um sicher zu sein, dass er sich nicht täuschte, sagte er: »Sieh doch den Stern, der über den Himmel herankommt, er ist ausnehmend schön und erwärmt mir das Herz.«

»Lass doch dein Herz aus dem Spiel, es hat nichts mit den großen Ereignissen zu schaffen, denen wir in letzter Zeit beiwohnen.«

»Du kannst sagen, was du willst, meiner Ansicht nach bewegt der Stern sich auf uns zu. Schau nur, wie niedrig er am Himmel steht. Man möchte meinen, dass er geradenwegs zu unserem Stall kommt. Und darunter befinden sich drei Personen, die über und über mit Edelsteinen geschmückt sind.«

Die Tiere gelangten auf die Schwelle des Stalles.

»Und was meinst du, Ochs, was jetzt geschehen wird?«

»Da bin ich überfragt, Esel. Ich begnüge mich damit, zu sehen, was ist. Das ist schon viel.«

»Ich habe eine Idee.«

»Nun komm schon«, sagte Joseph und öffnete die Tür. »Seht ihr denn nicht, dass ihr den Eingang versperrt und diese Herren am Eintreten hindert?«

Die Tiere rückten beiseite, um die Weisen aus dem Morgenland durchzulassen. Es waren ihrer drei, und einer, der völlig schwarz war, vertrat Afrika. Anfänglich behielt der Ochse ihn unauffällig im Auge. Er wollte sehen, ob der Neger dem Neugeborenen gegenüber wirklich nur gute Absichten hegte.

Als das Gesicht des Schwarzen, der wohl ein bisschen kurzsichtig war, sich vorneigte, um Jesus ganz aus der Nähe zu sehen, warf es wie ein glatter und glänzender Spiegel das Bild des Kindes zurück, und zwar mit einer solchen Ehrerbietung und einer so großen Selbstvergessenheit, dass das Herz des Ochsen von sanftem Wohlbehagen erfüllt wurde.

»Das ist ein ganz edler Mann«, dachte er. »Keiner der beiden andern hätte das je fertiggebracht.«

Und nach ein paar Augenblicken dachte er auch noch: »Er ist sogar der Beste von den dreien.«
Der Ochse hatte die weißen Könige eben dabei ertappt, wie sie mit größter Sorgfalt in ihrem Gepäck ein Hälmchen Stroh verschwinden ließen, das sie gerade aus der Krippe entwendet hatten. Der schwarze Weise hatte nichts nehmen wollen.
Auf einem notdürftigen, von Nachbarn geliehenen Lager schliefen die drei Könige ein.
»Wie sonderbar«, dachte der Ochse, »seine Krone zum Schlafen aufzubehalten. Dieses harte Ding muss noch viel unbequemer sein als Hörner. Und mit all diesen schimmernden Edelsteinen auf dem Kopf muss es schwierig sein, den Schlaf zu finden.«
Sie schliefen fromm wie auf Grabmälern ruhende Statuen. Und ihr Stern leuchtete über der Krippe.
Kurz vor Morgengrauen erhoben alle drei sich gleichzeitig und mit den genau gleichen Bewegungen. Sie hatten im Traum eben denselben Engel gesehen, der ihnen empfohlen hatte, unverzüglich aufzubrechen und nicht zu Herodes zurückzukehren, dem Missgünstigen, um ihm zu sagen, dass sie das Jesuskind gesehen hatten.
Sie gingen fort und ließen den Stern weiter über der Krippe leuchten, auf dass jedermann wisse, dass es dort war.

»Du darfst mich nicht nach meiner verdutzten und begriffsstutzigen Miene beurteilen, Himmlisches Kind. Könnte ich nicht eines Tages aufhören, einem kleinen, sich fortbewegenden Felsblock zu gleichen?
Diese Hörner, das musst du auch noch wissen, nicht wahr, sind eher ein Zierrat als sonst etwas, und ich will dir sogar gestehen, dass ich mich ihrer noch nie bedient habe.
Jesus, erhelle ein wenig mit deinem Licht alle die Armseligkeiten und Verwirrungen, die in mir herrschen. Lehre mich ein wenig von deiner Zartheit, du, dessen Füßchen und Händchen so zierlich an deinem Körper befestigt sind. Sagst du mir vielleicht, mein kleiner Herr, warum es mir eines Tages genügt hat, den Kopf umzuwenden, um dich ganz zu erkennen? Wie danke ich dir dafür, dass ich vor dir knien und so im vertrauten Umgang mit den Engeln und den Sternen leben darf, du wunderbares Kind! Manchmal frage ich mich, ob du nicht etwa falsch unterrichtet worden bist, ob wirklich *ich* hier sein sollte; es ist dir vielleicht nicht aufgefallen, dass ich eine große Narbe auf dem Rücken trage und dass mir auf der Seite Haar fehlt, was ziemlich hässlich wirkt. Schon in meiner eigenen Familie hätte man ohne Weiteres meinen Bruder bestimmen können, um meinen Platz einzunehmen, oder einen meiner Vettern, die viel stattlicher aussehen als ich. Wäre nicht der Löwe angezeigter gewesen oder der Adler?«
»Schweig«, sagte der Esel, »was hast du bloß derart zu seufzen; siehst du denn nicht, dass du ihn mit all deinem Sinnieren am Schlafen hinderst?«
»Er hat recht«, sagte sich der Ochse, »man muss es verste-

hen, zur gegebenen Zeit zu schweigen, auch wenn man ein so großes Glück verspürt, dass man nicht weiß, wohin damit.«

Aber auch der Esel betete:
»Ihr Zugesel und Packesel, nun wird ein schönes Leben sich unter unseren Hufen ausbreiten, und die kleinen Eselein werden auf fröhlichen Weiden die Ereignisse abwarten. Dank dir, du kleiner junger Mann, werden die Steine am Wegrand bleiben, dort, wo sie hingehören, und es wird nicht mehr vorkommen, dass wir sie abkriegen. Noch etwas. Warum sollte es denn auf unserem Wege immer noch Hügel und sogar Berge geben? Wäre überall Ebene nicht für alle die beste Lösung? Und warum trägt der Ochse, der stärker ist als ich, nie jemanden auf dem Rücken? Und warum sind meine Ohren so lang und habe ich kein Haar auf meinem Schwanz und sind meine Hufe so klein und ist meine Brust so schmal und hat meine Stimme die Farbe des Unwetters? Aber vielleicht ist das alles gar nicht unabänderlich?«
Während der nachfolgenden Nächte war es bald an diesem, bald an jenem Stern, Wache zu halten. Und zuweilen an ganzen Sternbildern. Um das Geheimnis des Himmels zu wahren, befand sich immer eine Wolke an der Stelle, wo die abwesenden Sterne sich aufhalten sollten. Und es war wunderbar, zu sehen, wie die unendlich Fernen sich klein machten, um über der Krippe ihren Platz zu beziehen, und wie sie ihr Übermaß an Wärme ganz für sich behielten und nur so viel abgaben, wie nötig war, um den Stall zu erwärmen und zu erleuchten und einem Kind keine Angst zu bereiten. Erste Nächte der Christenheit … Die Jungfrau, Joseph, das Kind, der Ochs und der Esel waren damals auf ganz außer-

ordentliche Weise sie selber. Ihre Selbstentsprechung, die sich tagsüber ein wenig zerstreute und unter den Besuchern verzettelte, gewann nach Sonnenuntergang eine wunderbare Geballtheit und Sicherheit.

Durch die Vermittlung des Ochsen und des Esels baten mehrere Tiere darum, das Jesuskind kennenzulernen. Und eines schönen Tages beauftragte der Ochse mit Josephs Einverständnis ein für seine Geselligkeit und Schnelligkeit bekanntes Pferd, gleich am folgenden Tage alle diejenigen einzuladen, die kommen wollten.

Der Esel und der Ochs fragten sich, ob man die reißenden Tiere würde eintreten lassen, und auch die Dromedare, Kamele, Elefanten, lauter Tiere, die ihrer Buckel, Rüssel und allgemeinen Überfülle an Knochen und Fleisch wegen ein bisschen verdächtig waren.

Die Frage stellte sich auch für die abscheulichen Insekten wie die Skorpione, die Taranteln, die großen Vogelspinnen, die Vipern, für alle männlichen und weiblichen Wesen, die in ihren Drüsen am Tag so gut wie in der Nacht Gift erzeugten, ja sogar im Morgengrauen, wenn alles rein ist.

Die Jungfrau zögerte nicht.

»Ihr könnt sie alle hereinlassen, mein Kind ist in seiner Krippe ebenso sicher geborgen wie am höchsten Punkt des Himmels.«

»Und eines nach dem andern!«, fügte Joseph in beinahe militärischem Ton hinzu. »Ich will nicht, dass zwei Tiere aufs Mal zur Tür hereinkommen, sonst gibt es ein Durcheinander.«

Man begann mit den giftigen Tieren, weil jedermann das Gefühl hatte, man sei ihnen diese Genugtuung eigentlich schuldig. Was besonders auffiel, war das taktvolle Benehmen der Schlangen, die es vermieden, die Jungfrau anzublicken, und so weit wie möglich von ihr entfernt vorbeizogen. Und sie gingen mit ebenso viel Ruhe und Würde wieder hinaus, als wären sie Tauben oder Wachhunde.

Es gab auch so winzige Tierchen, dass sich nur schwer feststellen ließ, ob sie schon drinnen waren oder noch draußen verharrten. Eine ganze Stunde wurde den Atomen gewährt, um ihre Aufwartung zu machen und die Krippe zu umkreisen. Nach Ablauf der Frist hieß Joseph die nächsten Tiere sich vorstellen, obschon er am leichten Prickeln der Haut merkte, dass noch nicht alle andern den Raum verlassen hatten.

Die Hunde konnten nicht umhin, ihrem Erstaunen Ausdruck zu geben: Es war ihnen nicht gestattet worden, wie der Ochs und der Esel im Stall Wohnung zu nehmen. Zum Trost wurden sie von allen gestreichelt. Da zogen sie sich, von sichtbarer Dankbarkeit erfüllt, zurück.

Als nun aber am Geruch merkbar wurde, dass der Löwe sich näherte, war es dem Ochsen und dem Esel doch nicht recht wohl. Und zwar umso weniger, als dieser Geruch ohne die geringste Rücksicht den Duft von Weihrauch und Myrrhen durchdrang, und alle andern Wohlgerüche, die von den drei Weisen so reichlich verbreitet worden waren.

Der Ochse wusste die großzügigen Überlegungen zu würdigen, auf die Joseph und die Jungfrau ihr Vertrauen gründeten. Aber ein Kind, dieses zarte Licht, einem Tier aussetzen, dessen Atem es auf einen Schlag ausblasen konnte …

Die Besorgnis des Ochsen und des Esels wurden nun noch

dadurch verstärkt, dass es sich geziemte, wie sie wohl einsahen, in Gegenwart des Löwen völlig gelähmt dazustehen. Sie konnten es sich ebenso wenig einfallen lassen, ihn anzugreifen, wie etwa den Donner oder den Blitz. Und der vom Fasten geschwächte Ochse fühlte sich überdies eher ätherisch als streitlustig.

Der Löwe kam herein mit seiner Mähne, die nichts anderes je gekämmt hatte als der Wüstenwind, und schwermütigen Augen, die besagten: »Ich bin der Löwe, ich kann nichts dafür, ich bin nur der König der Tiere.«

Man merkte, dass sein Hauptanliegen darin bestand, im Stall möglichst wenig Platz einzunehmen, was gar nicht einfach war, zu atmen, ohne ringsum etwas umzupusten, und seine einziehbaren Krallen und seine von überaus mächtigen Muskeln betätigten Kiefer zu vergessen. Er kam mit gesenkten Lidern heran, verbarg seine prächtigen Zähne wie eine schändliche Krankheit und bewies mit seiner großen Bescheidenheit, dass er offenkundig zu jenem Löwengeschlecht gehörte, das sich später einmal weigern sollte, die heilige Blandine zu verzehren. Die Jungfrau hatte Mitleid und wollte ihn mit einem jener Lächeln trösten, die sie ihrem Kind vorzubehalten pflegte. Der Löwe schaute unverwandt geradeaus und schien mit einem noch verzweifelteren Ton als vorher zu sagen: »Was habe ich denn getan, um so groß zu sein und so stark? Ihr wisst genau, dass ich stets nur vom Hunger und der frischen Luft getrieben gegessen habe. Und ihr versteht gewiss auch, dass ich für die jungen Löwen sorgen musste. Wir haben alle mehr oder weniger versucht, Pflanzenfresser zu sein. Aber das Gras ist nicht für uns gewachsen. Es rutscht nicht hinunter.«

Und nun neigte sich sein großer Kopf wie eine Explosion

von Haar und Mähne und legte sich traurig auf den harten Boden, und der Pinsel an der Schwanzspitze schien ebenso niedergeschlagen wie sein Kopf, während ein tiefes Schweigen herrschte, das allen wehtat.
Als der Tiger an der Reihe war, presste er sich platt auf den Boden, bis er vor lauter Kasteiungen und Sittenstrenge zu Füßen der Krippe ein richtiger Bettvorleger wurde. Dann nahm er in Sekundenschnelle mit unglaublicher Genauigkeit und Geschmeidigkeit wieder seine vollständige Gestalt an und ging hinaus, ohne noch etwas hinzuzufügen.
Die Giraffe zeigte eine gute Weile ihre Füße unter der Tür, und alle waren sich darin einig, dass »das galt«, als hätte sie der Krippe ihren Besuch abgestattet.
So ging es auch mit dem Elefanten: Er begnügte sich damit, vor der Schwelle niederzuknien und mit seinem Rüssel gewissermaßen ein Weihrauchfass zu schwingen, was von allen hoch geschätzt wurde.
Ein Schaf mit gewaltig dicker Wolle begehrte auf der Stelle geschoren zu werden: Man ließ ihm jedoch sein Fell und dankte ihm für die gute Absicht.
Die Kängurumutter wollte Jesus unbedingt eines ihrer Jungen schenken und versicherte, sie mache dieses Geschenk von Herzen gern, es sei gar kein Opfer für sie, denn daheim habe sie noch mehr kleine Kängurus. Aber Joseph ließ nicht mit sich reden, und sie musste ihr Kleines wieder mitnehmen.
Der Strauß aber hatte mehr Glück: Er nutzte einen Augenblick der Unaufmerksamkeit, um in einem Winkel sein Ei zu legen und sich dann unauffällig zurückzuziehen. Das Andenken wurde am nächsten Morgen gefunden. Der Esel entdeckte es. Er hatte noch nie ein so großes und so hartes Ei

gesehen und glaubte an ein Wunder. Joseph suchte ihm das so gut wie möglich auszureden: Er machte ein Omelett daraus.

Die Fische, die nicht persönlich erscheinen konnten, weil ihre Atmung außerhalb des Wassers so kläglich versagt, hatten eine Möwe abgesandt, um sie zu vertreten.

Die Vögel gingen fort und ließen ihre Lieder zurück, die Tauben ihr Lieben, die Affen ihre Schalkhaftigkeit, die Katzen ihren Blick, die Turteltauben ihr sanftes Gurren.

Und auch alle anderen Tiere hätten gerne kommen mögen, die noch nicht entdeckt sind und im Schoße der Erde oder des Meeres drauf warten, benannt zu werden, in so abgründigen Tiefen, dass sie von immerwährender Nacht umgeben sind, ohne Sterne noch Mond noch Jahreszeiten.

Man spürte in der Luft den Flügelschlag der Seele all derer, die nicht hatten kommen können oder sich verspätet hatten, und anderer, die am Ende der Welt wohnten und sich dennoch auf den Weg gemacht hatten, auf ihren so winzigen Insektenfüßchen, dass sie höchstens einen Meter in der Stunde hätten zurücklegen können, und deren Leben so kurz war, dass sie nicht hoffen konnten, mehr als fünfzig Zentimeter hinter sich zu bringen – und auch das nur mit sehr viel Glück.

Es gab auch Wunder: Die Schildkröte beeilte sich, der Leguan mäßigte seinen Gang, das Rhinozeros machte anmutige Kniebeugen, die Papageien schwiegen.

Kurz vor Sonnenuntergang kam es zu einem Zwischenfall, der alle bekümmerte: Joseph, der den ganzen Tag über die Parade der Tiere geleitet hatte, ohne die geringste Nahrung zu sich zu nehmen, war jetzt müde und zerdrückte in einem

Augenblick der Zerstreutheit eine Giftspinne mit dem Fuß, weil er vergaß, dass sie gekommen war, um dem Kind zu huldigen. Und das fassungslose Gesicht des Heiligen versetzte alle eine ganze Weile in Bestürzung.
Gewisse Tiere, von denen man größere Bescheidenheit erwartet hätte, säumten lange im Stall: Der Ochse musste den Marder, das Eichhörnchen und den Dachs hinausbefördern, weil sie nicht freiwillig gehen wollten.
Ein paar Nachtfalter nutzten die Ähnlichkeit ihrer Farbe mit jener der Dachbalken, um die ganze Nacht oberhalb der Krippe zu verbringen. Aber der erste Sonnenstrahl verriet sie am nächsten Morgen, und da Joseph niemanden bevorzugen wollte, vertrieb er sie ungesäumt.
Die Fliegen, die ebenfalls gebeten wurden zu verschwinden, leisteten der Aufforderung nur widerstrebend Folge, um dadurch klarzumachen, dass sie schon immer da gewesen waren, und Joseph wusste nicht, was er ihnen entgegnen sollte.

Die übernatürlichen Erscheinungen, in deren Gesellschaft der Ochse jetzt lebte, raubten ihm häufig den Atem. Da er sich angewöhnt hatte, seinen Atem anzuhalten wie die asiatischen Asketen, begann er, Gesichte zu haben, und obzwar er sich in der Erhabenheit weniger zu Hause fühlte als in der Demut, erlebte er Zustände echter Verzückung. Indessen blieb ihm stets ein Bedenken und hinderte ihn daran, sich Engel oder Heilige einzubilden. Er sah sie nur, wenn sie sich wirklich in der Nähe befanden.
»Ich armer Tropf«, dachte er, von den ihm verdächtig vorkommenden Erscheinungen erschreckt, »ich armer Tropf, ich bin ja nur ein Lasttier oder vielleicht sogar der Leibhafti-

ge. Warum habe ich Hörner wie er, obwohl ich nie etwas Böses getan habe? Und wenn ich nur ein Zauberer wäre?«
Joseph entgingen die Sorgen des Ochsen nicht, der zusehends abmagerte.
»Geht doch hinaus und friss!«, rief er. »Du bist uns hier den ganzen Tag im Weg und bestehst bald nur noch aus Haut und Knochen.«
Der Esel und der Ochs gingen hinaus.
»Du bist wirklich mager«, sagte der Esel. »Deine Knochen sind so spitz geworden, dass dein ganzer Körper bald von Hörnern bedeckt sein wird.«
»Red mir nicht von Hörnern!«
Und der Ochse sagte zu sich selbst: »Er hat recht, gewiss, man muss leben. Schau, nimm doch dieses schöne Büschel Grün. Und das dort? Bildest du dir etwa ein, es sei giftig? Nein, ich bin nicht hungrig. Wie schön dieses Kind doch ist! Und die erhabenen Gestalten, die ein und aus gehen und mit ihren unablässig schlagenden Flügeln atmen. All diese vornehmen Himmelsbewohner, die in unseren bescheidenen Stall eintreten, ohne sich zu beschmutzen. Los, so friss doch, du Ochse, was schert dich das alles. Übrigens darfst du dich auch nicht von dem Glück aufwecken lassen, das dich mitten in der Nacht an den Ohren zupft. Und auch nicht neben der Krippe so lange auf einem Knie bleiben, bis es dir wehtut. Dein Ochsenleder ist an den Knochengelenken schon ganz abgeschabt; es geht nicht mehr lang, und die Fliegen werden sich dort niederlassen.«
Eines Nachts war das Sternbild des Stieres an der Reihe, in einem Feld schwarzen Himmels über der Krippe Wache zu halten. Das rote Auge Aldebarans leuchtete ganz nahe, großartig und flammend. Und die Hörner und Flanken des Stie-

res schmückten sich mit riesigen Edelsteinen. Der Ochse war stolz, das Kind so gut bewacht zu sehen. Alle schliefen friedlich, der Esel mit gesenkten und vertrauensseligen Ohren. Der Ochse aber fühlte in sich eine unendliche Schwäche, obschon ihn die übernatürliche Gegenwart dieses verwandten und befreundeten Sternbildes stärkte. Er dachte an seine dem Kind dargebrachten Opfer, sein nutzloses Wachen, seinen lachhaften Schutz.

»Ob das Sternbild des Stieres mich gesehen hat?«, fragte er sich. »Weiß dieses große rote, gestirnte Auge, das so furchterregend schimmert, dass ich da bin? Diese Sterne, sie sind so hoch, sie sind so weit weg, dass man gar nicht weiß, wohin sie blicken.«

Joseph, der sich schon ein Weilchen unruhig auf seinem Lager wälzte, erhebt sich plötzlich mit zum Himmel gereckten Armen. Er, der in seinen Gebärden und Worten gewöhnlich so maßvoll ist, weckt jetzt wahrhaftig alle auf, sogar das Kind.

»Der Herr ist mir im Traum erschienen. Wir müssen sofort ausziehen. Herodes, ja, seinetwegen, er hat es auf Jesus abgesehen.«

Die Jungfrau nimmt ihren Sohn in die Arme, als stünde der König der Juden bereits da unter der offenen Tür, mit einem riesigen Fleischermesser in der Hand.

Der Esel steht auf.

»Und der da?«, sagt Joseph zur Jungfrau und zeigt auf den Ochsen.

»Mir scheint, er ist recht schwach, um uns zu begleiten.«

Der Ochse jedoch will beweisen, dass das nicht stimmt. Er unternimmt eine gewaltige Anstrengung, um sich zu erheben, aber er hatte noch nie dermaßen das Gefühl, an den

Boden gefesselt zu sein. Nun blickt er hilfeflehend zum Sternbild des Stieres empor. Er hofft nur noch darauf, um die Kraft zum Aufbruch zu finden. Der himmlische Stier rührt sich nicht, sein Auge ist unverändert gleich rot und flammend, und er zeigt sich dem Ochsen unverändert im Profil.

»Er hat seit mehreren Tagen nicht gefressen«, sagt die Jungfrau zu Joseph.

»Ach! Ich sehe wohl, dass sie mich hier zurücklassen werden«, denkt der Ochse. »Es war zu schön, es konnte nicht von Dauer sein. Überdies wäre ich auf den Landstraßen nur ein hemmendes Knochengespenst gewesen. Alle meine Rippen sind meiner Haut überdrüssig und verlangen nur noch danach, es sich unter dem Himmel bequem zu machen.«

Der Esel tritt zum Ochsen und reibt sein Maul an dem des Wiederkäuers, um ihn wissen zu lassen, dass die Jungfrau ihn eben einer Nachbarin anempfohlen hat und dass es ihm nach ihrem Wegzug an nichts mangeln wird. Aber der Ochse, der seine Lider halb geschlossen hat, scheint vollkommen niedergeschmettert.

Die Jungfrau streichelt ihn und ruft: »Aber nein, natürlich gehen wir nicht auf die Reise! Wir wollten dir bloß Angst machen!«

»Ganz klar, wir kommen gleich wieder«, fügt Joseph hinzu. »Man zieht doch nicht mitten in der Nacht einfach so ins Weite!«

»Es ist eine so schöne Nacht«, fährt die Jungfrau fort, »und wir nutzen sie, um den Kleinen ein wenig an die Luft zu bringen, er ist in den letzten Tagen ein bisschen blass.«

»Das ist die pure Wahrheit«, sagt der heilige Mann.

Dies ist die fromme Lüge. Der Ochse sieht das ein; um die

Aufbrechenden nicht in ihren Vorbereitungen zu stören, gibt er vor, in einen tiefen Schlaf zu sinken. Dies ist seine Art zu lügen.
»Er ist eingeschlafen«, sagt die Jungfrau. »Wir wollen das Stroh aus der Krippe ganz nahe neben ihn legen, damit ihm nichts fehlt, wenn er aufwacht. Wir wollen ihm auch die Flöte in Reichweite seines Atems lassen«, fährt sie leise fort, »er spielt gern, wenn er allein ist.«
Sie schicken sich an, wegzugehen. Die Stalltür kreischt.
»Ich hätte sie ölen sollen«, denkt Joseph, der den Ochsen zu wecken befürchtet; aber dieser gibt immer noch vor zu schlafen.
Die Türe wird behutsam geschlossen.
Während der Esel des Stalls zu Bethlehem nach und nach zum Esel der Flucht nach Ägypten wird, verharrt der Ochse, mit dem Blick auf dieses Stroh geheftet, auf dem vorhin noch das Jesuskind lag.
Er weiß genau, dass er es niemals anrühren wird, so wenig wie die Flöte.
Das Sternbild des Stieres kehrt mit einem Satz an den Scheitel des Himmels zurück und verankert sich mit einem einzigen Hornstoß an dem Platz, den es nie wieder verlassen sollte.

Als die Nachbarin kurz nach Tagesanbruch eintrat, hatte der Ochse aufgehört zu sinnieren.

DER NEIDISCHE HUND
Legende aus dem Stall

Der Mond schien hell, und ein alter Collie lag müde neben seinem Herrn auf dem Hügel. Sein Herr war ein Schäfer, der die ganze Nacht die Schafe hütete, denn in jenen fernen Tagen, in denen diese Geschichte spielt, gab es viele Wölfe und Füchse. Der Schäfer hatte zwei junge Hunde, die er zusammen mit dem alten Collie hielt, aber er liebte seinen alten Collie am meisten, da dieser ihm schon lange Jahre treu ergeben war.

Sie saßen auf dem Hügel und sahen zu, wie der Mond aufstieg; die Nacht war schön und sternenklar. Der Schäfer drehte sich um und sagte zum Collie: »Du bist bestimmt müde, alter Junge. Du bist den ganzen Tag gelaufen, mehr, als nötig war, und du weißt doch, du wirst langsam alt. Es ist nicht nötig, dass wir alle vier hierbleiben. Warum gehst du nicht nach Hause in den Stall und legst dich ein bisschen aufs Heu? Dann bist du morgen früh wieder frisch. Die jungen Hunde und ich, wir kümmern uns schon um die Herde.«

Der alte Collie richtete sich auf, ließ die Zunge heraushängen und sah seinen Herrn an. Er fragte sich, warum sein Herr ihn nicht bei sich haben wollte. Er verstand die Menschensprache im Allgemeinen ganz gut, aber manches, was sein Herr sagte, verstand er nicht. Wenn sein Herr sagte: »Geh heim, alter Freund«, verstand er jedoch sofort. Er dachte bei sich: ›Mein Herr braucht mich heute Nacht nicht, dann kann ich ja getrost heimgehen.‹ Müde war er obendrein, sehr müde.

Also trottete der alte Hund zurück zu dem Bauernhof, in

dem er lebte. Er lief in den Stall und machte es sich in einer der Boxen zwischen Heu und Stroh bequem. Da kam auch sein alter Freund, der Esel, aus der Kälte herein; er war nie angebunden und konnte nach Herzenslust auf der Farm herumlaufen. Auch er war schon seit vielen, vielen Jahren auf dem Hof.

Der Esel ging in eine der leeren Boxen und knabberte an dem Heu oder Stroh, das dort in der Traufe lag. Der Collie rollte sich zum Schlafen zusammen und döste und hörte den Esel neben ihm kauen und kauen und kauen, immerfort, immer weiter fort.

Etwas später hörte er von draußen Stimmen. Er überlegte: ›Kann das schon mein Herr sein, der von der Weide kommt?‹ Er sah hinaus. Es war noch dunkel, aber der Mond schien hell. Er dachte: ›Das kann nicht mein Herr sein, es ist noch zu früh. Er kommt immer erst bei Tagesanbruch heim, wenn die Schafe auf der Weide wegen des Tageslichts vor Dieben und wilden Tieren einigermaßen sicher sind.‹

Sofort war er hellwach und saß aufrecht in seiner Box neben der des Esels, als er plötzlich eine fremde Frau auf die nächste Box zugehen sah! Es war eine hübsche junge Frau, und hinter ihr kam ein bärtiger Mann in den Stall. Der Collie hatte beide nie zuvor gesehen und fragte sich, wer sie wohl waren. Er dachte bei sich: ›Es müssen Fremde sein, die hier für die Nacht einen Platz zum Schlafen suchen.‹

Er beschloss, sich lautlos wieder hinzulegen, nicht zu knurren und nicht zu bellen und sie zu beobachten. Der Mann nahm die Frau an der Hand und führte sie in eine leere Box, in der Stroh lag. Die Futterkrippe über ihnen war für die Kühe und Ochsen gedacht, aber die waren heute Nacht nicht im Stall.

Der Hund saß da und hörte aufmerksam zu. Der Mann sprach, und was er sagte, war für den Hund gut zu verstehen.
Der Mann sagte: »Hier bleiben wir, hier können wir für die Nacht unterkriechen.« Er sah sich um. »Es sind nur ein Hund und ein Esel hier. Ich bin sicher, sie werden unsere Ruhe nicht stören.«
Er fügte hinzu: »Wie geht es dir, Liebes?«
»Ich fühle mich nicht sehr wohl«, antwortete sie.
Der Mann fegte das Heu zusammen, häufte es auf und machte der Frau ein Bett.
Er fragte: »Bist du sicher, dass es heute Nacht passiert?«
Sie sagte: »Ja, ich bin sicher. Wahrscheinlich schon in wenigen Minuten.«
Der Collie saß stumm und regungslos da. Auch der Esel hörte auf zu kauen. Alles war still.
Etwas später fragte der Mann: »Brauchst du Hilfe, Frau?«
»Nein«, sagte sie, »ich komme schon zurecht. Ich bitte dich nur um eins: Stell dich an die Tür und sorge dafür, dass wir eine Zeit lang ungestört sind.«
Der Mann stellte sich an den Eingang und ging dort unruhig hin und her. Der Hund lag da und rührte sich nicht, aber er hörte alles, was um ihn herum vor sich ging. Das Nächste, was zu hören war, war das Schreien eines Babys – da schrie doch tatsächlich ein Baby! Der Hund dachte: ›Na, so was, diese fremde Frau ist wohl gerade dabei, hier bei uns im Stall ein Kind zu bekommen. Das habe ich noch nie gesehen.‹
Langsam kroch er ein Stück näher, ging an den Rand der Box und spähte um die Ecke. Tatsächlich – da saß die Frau und hielt ein wunderschönes kleines Baby im Arm, das schöns-

te, das man jemals gesehen hatte. Es hatte lange dunkelgoldene Haare, und es war nass.
Der Mann rannte herbei. Er zog seinen langen warmen Mantel und sein Hemd aus und sagte: »Hier! Nimm das!«
Und die Frau wickelte das Baby in das Hemd und danach in den Mantel.
Sie sagte: »Es ist ein wundervolles Kind.«
Ihr Mann nickte und meinte: »Wir brauchen etwas, wo wir es hineinlegen können.«
Und sie sagte: »Tu etwas Stroh in die Futterkrippe über mir. Da legen wir ihn hinein.«
Der Mann stand mit nacktem Oberkörper vor der Krippe, verteilte das Stroh und legte das Kind hinein. Und der alte Collie, der heimliche Zeuge dieser Szene, blinzelte um die Ecke und sah das Schönste, was er in seinem langen Hundeleben je gesehen hatte: Er sah einen leuchtenden Stern, dessen Licht gerade durch das Fenster fiel. Der Stern schien immer näher zu kommen – bis er schräg über dem Stall stehen blieb, sodass sein Licht direkt hineinfiel. So etwas hatte der Hund noch nie gesehen, und er wunderte sich, wie das möglich war …
Er dachte gerade darüber nach, ob sein Herr wohl durch das grelle Licht alarmiert und zur Heimkehr veranlasst würde, da hörte er das Paar erneut sprechen.
Der Mann sagte: »Heute Nacht müssen wir hierbleiben, Frau. Aber morgen sollten wir uns nach einer besseren Unterkunft für das Kind umsehen. Ich bin sicher, es wird ihm gut gehen, wir passen schon auf. Der Kleine ist ein hübsches Baby.«
Der alte Hund saß da und hörte alles, was sie sprachen. Das Kind war mucksmäuschenstill. Schließlich hörten sie auf, sich zu unterhalten, und der Hund schlief ein.

Früh am nächsten Morgen wurde er durch ein Geräusch aus der Box neben ihm geweckt. Der Mann und die Frau standen auf und nahmen das Kind aus der Krippe, in der es die ganze Nacht über gelegen hatte.
Der Mann sagte: »Ich werde ins Dorf gehen und Hilfe für dich holen. Es muss doch jemanden geben, der dir hilft.«
Sie sagte: »Ich fühle mich sehr wohl. Es geht mir wirklich gut.«
Er erwiderte: »Ich sehe, dass es dir gut geht. Aber du und das Kind, ihr braucht trotzdem Hilfe.«
Sie meinte: »Es ist aber ein weiter Weg bis ins Dorf. Wir mussten doch nur deswegen hierherkommen, weil uns im ganzen Dorf niemand Unterschlupf gewährt hat.«
»Aber wenn wir mit dem Baby zurückkommen und sie es sehen, vielleicht geben sie uns dann ein Quartier.«
»Es geht nicht, Mann«, antwortete sie. »Ich bin noch zu schwach. Ich kann unmöglich den ganzen Weg bis ins Dorf zu Fuß gehen.«
»Mach dir darüber keine Sorgen, Liebes«, sagte er. »Du brauchst nicht zu Fuß zu gehen. Hier ist ein kleiner Esel, und ich bin sicher, der Bauer hat nichts dagegen, wenn ich ihn für ein paar Stunden ausleihe, um dich ins Dorf zu bringen.«
Der Mann ging in den Stall zurück und nahm ein Seil und einen Halfter von der Wand. Den legte er dem Esel über den Kopf, aber keinen Sattel, keine Zügel oder sonstiges nahm er. Dann hob er seine Frau hoch und setzte sie auf den Rücken des Esels. Schließlich ging er zur Krippe hinüber, nahm das Baby heraus und legte es ihr in die Arme.
Der alte Collie sah bei alledem schweigend und staunend zu. Was sein Herr wohl dazu sagen würde … Wenn er selbst nur reden könnte, was hätte er ihm alles erzählen können!

Der Tag brach an, und der Mann ging mit nacktem Oberkörper neben seiner Frau und dem Esel her, denn seine Sachen brauchte ja das Baby. Der Esel ging also auch! Nie zuvor in seinem Leben hatte der Collie so etwas gesehen. Er fragte sich, ob er seinen alten Freund den Esel wohl jemals wiedersehen würde. Ihm gefiel jedoch das Kind, und er wünschte, er hätte es näher betrachten dürfen. Als die vier gegangen waren, kauerte er sich wieder ins Stroh und schlief ein.

Ein lauter Pfiff weckte ihn. Sein Herr war mit den zwei Hunden zurück. Er winkte die Hunde in den Stall und stellte eine große Schüssel Futter vor sie hin. Dann ging der Schäfer in sein kleines Haus neben dem Bauernhaus, um selbst zu frühstücken.

Der alte Hund jedoch hatte keinen Appetit. Irgendwie hatte er auf gar nichts mehr Lust. Er wollte nur eins in seinem Leben, etwas, wozu er noch nie Gelegenheit gehabt hatte – er wollte das Kind noch einmal anschauen, denn er hatte noch nicht einmal richtig in sein kleines Gesicht sehen können.

Nachdem die jungen Hunde satt waren, rollten sie sich zusammen und schliefen ein, und auch der alte Collie legte sich noch einmal hin.

Wie lange er geschlafen hatte, wusste er nicht, aber er wurde vom Klappern von Hufen auf dem trockenen Stallboden geweckt. Es war sein Freund, der alte Esel. Er ging nicht in seine eigene Box, sondern in die, in der der Hund lag.

Der Hund begrüßte ihn freundlich. »Hallo, alter Freund, schön, dass du wieder da bist.«

»Ja, ich bin wieder zurück«, sagte der Esel. »Es war ein wundervolles Erlebnis. Ich habe die hübsche junge Frau und ihr

Kind ins Dorf gebracht. Aber jetzt, wo alles vorbei ist, fühle ich mich ganz seltsam und überdreht.«

»Hast du das Baby gesehen?«, fragte der Collie.

»Ja«, sagte der Esel. »Ich habe es gesehen. Es war das hübscheste Baby, das ich mir vorstellen kann.«

»Ich wünschte, ich hätte es auch gesehen«, sagte der alte Collie.

»Du wirst es sehen«, sagte der Esel. »Eines Tages wirst du Ihn wiedersehen. Er wird wiederkommen, und jeder wird verstehen. Aber nun etwas anderes: Sag, bin ich verändert? Ist etwas an mir anders als sonst – irgendwie seltsam?«

»Nein – ich kann nichts Seltsames an dir entdecken. Für mich bist du ganz einfach ein Esel, so, wie ich für dich eben ein Hund bin.«

»Schau noch mal hin«, sagte der Esel. »Sieh genauer hin. Vielleicht siehst du dann etwas an mir, was dir noch nie zuvor aufgefallen ist.«

Der Collie betrachtete ihn prüfend und sagte: »Du hast vier Beine und einen Schwanz wie ich; du hast einen Kopf und zwei Ohren wie ich. Du hast eine Mähne und Haare – wie ich.«

»Nein, das meine ich nicht«, sagte der Esel. »Da ist noch etwas anderes, auf das du achten musst. Und ich hoffe, dass es künftig viele Leute bemerken, denn wenn sie es sehen, dann verstehen sie vielleicht ...«

»Was sollen sie verstehen?«, fragte der Hund. »Erkläre mir doch, was du meinst!«

»Ist gut«, sagte der Esel. »Also – schau meine Schultern an und sag mir, was du siehst!«

Der Collie richtete sich auf. Er stemmte die Vorderpfoten gegen die Wand und sah hin. Der Esel war nicht sehr groß, sodass er ihm bequem auf die Schultern sehen konnte. Und siehe da – da war *ein schwarzes Kreuz* auf dem grauen Fell, direkt zwischen den Schulterblättern. Der Collie sah es heute zum ersten Mal.

»Was ist das?«, fragte er verdutzt.

»Das ist das Zeichen des Kindes, das heute Nacht geboren wurde. Ich habe es heute erhalten und werde es ewig tragen, so lange, bis Er eines Tages kommt und sich jedem von uns zeigt.«

»Meinst du, ich werde Ihn dann auch sehen?«, fragte der Hund.

»Ganz bestimmt wirst du Ihn wiedersehen«, antwortete der Esel. »Vielleicht nicht in dieser Welt, aber in einer anderen.«

Und er lächelte in sich hinein.

KARL HEINRICH WAGGERL

Worüber das Christkind lächeln musste

Als Josef mit Maria von Nazareth her unterwegs war, um in Bethlehem anzugeben, dass er von David abstamme, was die Obrigkeit so gut wie unsereins hätte wissen können, weil es ja längst geschrieben stand – um jene Zeit also kam der Engel Gabriel heimlich noch einmal vom Himmel herab, um im Stalle nach dem Rechten zu sehen. Es war ja sogar für einen Erzengel in seiner Erleuchtung schwer zu begreifen, warum es nun der allererbärmlichste Stall sein musste, in dem der Herr zur Welt kommen sollte, und seine Wiege nichts weiter als eine Futterkrippe. Aber Gabriel wollte wenigstens noch den Winden gebieten, dass sie nicht gar zu grob durch die Ritzen pfiffen, und die Wolken am Himmel sollten nicht gleich wieder in Rührung zerfließen und das Kind mit ihren Tränen überschütten, und was das Licht in der Laterne betraf, so musste man ihm noch einmal einschärfen, nur bescheiden zu leuchten und nicht etwa zu blenden und zu glänzen wie der Weihnachtsstern.
Der Erzengel stöberte auch alles kleine Getier aus dem Stall, die Ameisen und Spinnen und die Mäuse, es war nicht auszudenken, was geschehen konnte, wenn sich die Mutter Maria vielleicht vorzeitig über eine Maus entsetzte! Nur Esel und Ochs durften bleiben, der Esel, weil man ihn später ohnehin für die Flucht nach Ägypten zur Hand haben musste, und der Ochs, weil er so riesengroß und so faul war, dass ihn alle Heerscharen des Himmels nicht hätten von der Stelle bringen können.
Zuletzt verteilte Gabriel noch eine Schar Engelchen im Stall

herum auf den Dachsparren, es waren solche von der kleinen Art, die fast nur aus Kopf und Flügeln bestehen. Sie sollten ja auch bloß still sitzen und achthaben und sogleich Bescheid geben, wenn dem Kinde in seiner nackten Armut etwas Böses drohte. Noch ein Blick in die Runde, dann hob der Mächtige seine Schwingen und rauschte davon.

Gut so. Aber nicht ganz gut, denn es saß noch ein Floh auf dem Boden der Krippe in der Streu und schlief. Dieses winzige Scheusal war dem Engel Gabriel entgangen, versteht sich, wann hatte auch ein Erzengel je mit Flöhen zu tun!

Als nun das Wunder geschehen war, und das Kind lag leibhaftig auf dem Stroh, so voller Liebreiz und so rührend arm, da hielten es die Engel unterm Dach nicht mehr aus vor Entzücken, sie umschwirrten die Krippe wie ein Flug Tauben. Etliche fächelten dem Knaben balsamische Düfte zu und die anderen zupften und zogen das Stroh zurecht, damit ihn ja kein Hälmchen drücken oder zwicken möchte.

Bei diesem Geraschel erwachte aber der Floh in der Streu. Es wurde ihm gleich himmelangst, weil er dachte, es sei jemand hinter ihm her, wie gewöhnlich. Er fuhr in der Krippe herum und versuchte alle seine Künste, und schließlich, in der äußersten Not, schlüpfte er dem göttlichen Kinde ins Ohr.

»Vergib mir!«, flüsterte der atemlose Floh, »aber ich kann nicht anders, sie bringen mich um, wenn sie mich erwischen. Ich verschwinde gleich wieder, göttliche Gnaden, lass mich nur sehen, wie!«

Er äugte also umher und hatte auch gleich seinen Plan. »Höre zu«, sagte er, »wenn ich alle Kraft zusammennehme, und wenn du stillhältst, dann könnte ich vielleicht die Glatze des Heiligen Josef erreichen, und von dort weg kriege ich das Fensterkreuz und die Tür …«

»Spring nur!«, sagte das Jesuskind unhörbar. »Ich halte stille!«
Und da sprang der Floh. Aber es ließ sich nicht vermeiden, dass er das Kind ein wenig kitzelte, als er sich zurechtrückte und die Beine unter den Bauch zog.
In diesem Augenblick rüttelte die Mutter Gottes ihren Gemahl aus dem Schlaf.
»Ach, sieh doch!«, sagte Maria selig. »Es lächelt schon!«

AUF DER FLUCHT

KARL HEINRICH WAGGERL

Der störrische Esel und die süße Distel

Als der Heilige Josef im Traum erfuhr, dass er mit seiner Familie vor der Bosheit des Herodes fliehen müsse, in dieser bösen Stunde weckte der Engel auch den Esel im Stall.

»Steh auf!«, sagte er von oben herab, »du darfst die Jungfrau Maria mit dem Herrn nach Ägypten tragen.«

Dem Esel gefiel das gar nicht. Er war kein sehr frommer Esel, sondern eher ein wenig störrisch im Gemüt. »Kannst du das nicht selber besorgen?«, fragte er verdrossen. »Du hast doch Flügel, und ich muss alles auf dem Buckel schleppen! Und warum denn gleich nach Ägypten, so himmelweit!«

»Sicher ist sicher!«, sagte der Engel, und das war einer von den Sprüchen, die selbst einem Esel einleuchten müssen.

Als er nun aus dem Stall trottete und zu sehen bekam, welch eine Fracht der Hl. Josef für ihn zusammengetragen hatte, das Bettzeug für die Wöchnerin und einen Pack Windeln für das Kind, das Kistchen mit dem Gold der Könige und zwei Säcke mit Weihrauch und Myrrhe, einen Laib Käse und eine Stange Rauchfleisch von den Hirten, den Wasserschlauch, und schließlich Maria selbst mit dem Knaben, auch beide wohlgenährt, da fing er gleich wieder an, vor sich hinzumaulen. Es verstand ihn ja niemand außer dem Jesuskind.

»Immer dasselbe«, sagte er, »bei solchen Bettelleuten! Mit nichts sind sie hergekommen, und schon haben sie eine Fuhre für zwei Paar Ochsen beisammen. Ich bin doch kein Heuwagen«, sagte der Esel, und so sah er auch wirklich aus, als

ihn Josef am Halfter nahm, es waren kaum noch die Hufe zu sehen.
Der Esel wölbte den Rücken, um die Last zurechtzuschieben, und dann wagte er einen Schritt, vorsichtig, weil er dachte, dass der Turm über ihm zusammenbrechen müsse, sobald er einen Fuß voransetze. Aber seltsam, plötzlich fühlte er sich wunderbar leicht auf den Beinen, als ob er selber getragen würde, er tänzelte geradezu über Stock und Stein in der Finsternis.
Nicht lange, und es ärgerte ihn auch das wieder. »Will man mir einen Spott antun?«, brummte er. »Bin ich etwa nicht der einzige Esel in Bethlehem, der vier Gerstensäcke auf einmal tragen kann?«
In seinem Zorn stemmte er plötzlich die Beine in den Sand und ging keinen Schritt mehr von der Stelle.
»Wenn er mich jetzt auch noch schlägt«, dachte der Esel erbittert, »dann hat er seinen ganzen Kram im Graben liegen!«
Allein, Josef schlug ihn nicht. Er griff unter das Bettzeug und suchte nach den Ohren des Esels, um ihn dazwischen zu krauen. »Lauf noch ein wenig«, sagte der Heilige Josef sanft, »wir rasten bald!«
Daraufhin seufzte der Esel und setzte sich wieder in Trab. »So einer ist nun ein großer Heiliger«, dachte er, »und weiß nicht einmal, wie man einen Esel antreibt!«
Mittlerweile war es Tag geworden und die Sonne brannte heiß. Josef fand ein Gesträuch, das dürr und dornig in der Wüste stand, in seinem dürftigen Schatten wollte er Maria ruhen lassen. Er lud ab und schlug Feuer, um eine Suppe zu kochen, der Esel sah es voll Misstrauen. Er wartete auf sein eigenes Futter, aber nur, damit er es verschmähen konnte.

»Eher fresse ich meinen Schwanz«, murmelte er, »als euer staubiges Heu!«
Es gab jedoch gar kein Heu, nicht einmal ein Maul voll Stroh, der Heilige Josef in seiner Sorge um Weib und Kind hatte es rein vergessen. Sofort fiel den Esel ein unbändiger Hunger an. Er ließ seine Eingeweide so laut knurren, dass Josef entsetzt um sich blickte, weil er meinte, ein Löwe säße im Busch.
Inzwischen war auch die Suppe gar geworden und alle aßen davon, Maria aß und Josef löffelte den Rest hinterher und auch das Kind trank an der Brust seiner Mutter, und nur der Esel stand da und hatte kein einziges Hälmchen zu kauen. Es wuchs da überhaupt nichts, nur etliche Disteln im Geröll.
»Gnädiger Herr!«, sagte der Esel erbost und richtete eine lange Rede an das Jesuskind, eine Eselsrede zwar, aber ausgekocht scharfsinnig und ungemein deutlich in allem, worüber die leidende Kreatur vor Gott zu klagen hat. »I-A!«, schrie er am Schluss, das heißt: »So wahr ich ein Esel bin!«
Das Kind hörte alles aufmerksam an. Als der Esel fertig war, beugte es sich herab und brach einen Distelstengel, den bot es ihm an.
»Gut!«, sagte der Esel, bis ins Innerste beleidigt. »So fresse ich eben eine Distel! Aber in deiner Weisheit wirst du voraussehen, was dann geschieht. Die Stacheln werden mir den Bauch zerstechen, sodass ich sterben muss, und dann seht zu, wie ihr nach Ägypten kommt!«
Wütend biss er in das harte Kraut, und sogleich blieb ihm das Maul offen stehen. Denn die Distel schmeckte durchaus nicht, wie er es erwartet hatte, sondern nach süßestem Honigklee, nach würzigstem Gemüse. Niemand kann sich et-

was derart Köstliches vorstellen, er wäre denn ein Esel. Für diesmal vergaß der Graue seinen ganzen Groll. Er legte seine langen Ohren andächtig über sich zusammen, was bei einem Esel so viel bedeutet, wie wenn unsereins die Hände faltet.

AGATHA CHRISTIE

Der unfolgsame Esel

Es war einmal ein sehr unfolgsamer kleiner Esel. Er liebte es geradezu, unfolgsam zu sein. Wenn ihm etwas auf den Rücken geladen wurde, dann warf er es ab, und er rannte den Leuten nach und versuchte, sie zu beißen. Sein Herr konnte nichts mit ihm anfangen, und so verkaufte er ihn an einen anderen Herrn, und dieser Herr konnte auch nichts mit ihm anfangen und verkaufte ihn ebenfalls, und schließlich wurde er für ein paar Pfennige einem schrecklichen alten Mann gegeben, der alte, abgearbeitete Esel aufkaufte und sie durch Schinderei und schlimme Behandlung umbrachte. Aber der unfolgsame Esel jagte den alten Mann und biss ihn und rannte dann mit fliegenden Hufen davon. Er wollte sich nicht wieder einfangen lassen, deshalb schloss er sich einer Menschenmenge an, die ihres Weges zog.

»Unter all den vielen Menschen wird niemand wissen, wo ich hingehöre«, dachte sich der Esel.

Die Menschen zogen alle nach der Stadt Bethlehem, und als sie dort ankamen, gingen sie in einen großen *Khan* voller Menschen und Tiere.

Der kleine Esel aber schlüpfte in einen hübschen kleinen Stall, in dem schon ein Ochse und ein Kamel standen. Das Kamel war sehr hochmütig wie alle Kamele, denn die Kamele glauben, nur sie allein wüssten den hundertsten und geheimen Namen Gottes. Das Kamel war zu stolz, um mit dem Esel zu sprechen. Deshalb begann der Esel zu prahlen. Er prahlte furchtbar gerne.

»Ich bin ein ganz außergewöhnlicher Esel«, sagte er. »Ich

kann sowohl in die Zukunft als auch in die Vergangenheit sehen.«
»Wie soll denn das gehen?«, brummte der Ochse.
»Na ja, einfach genauso, wie ich vorwärts- und rückwärtslaufen kann. Meine Urur- siebenunddreißigmal Urgroßmutter war die sprechende Eselin des Propheten Bileam und hat mit eigenen Augen den Engel des Herrn gesehen.«
Aber der Ochse kaute ungerührt weiter, und das Kamel blieb weiter hochmütig.
Bald darauf kamen ein Mann und eine Frau herein, und es gab eine Menge Aufregung, aber der Esel fand rasch heraus, dass es da gar nichts zum Aufregen gab außer einer Frau, die ein Kind kriegte, und das passiert schließlich jeden Tag. Und nachdem das Kind geboren war, liefen Hirten herbei und machten ein großes Getue um das Kind – aber Hirten sind eben sehr einfältige Leute.
Aber dann erschienen Männer in reicher Kleidung.
»VIPs«, zischte das Kamel.
»Was ist das?«, fragte der Esel.
»Hochwichtige Leute, die Geschenke bringen«, sagte das Kamel.
Der Esel dachte, die Geschenke seien vielleicht was Gutes zum Essen, und als es dunkel wurde, schnupperte er daran herum. Aber das erste Geschenk war gelb und hart und ohne Geschmack, das zweite brachte den Esel zum Niesen, und als er am dritten leckte, schmeckte es ekelhaft und bitter.
»Was für blödsinnige Geschenke«, brummte der Esel enttäuscht. Aber als er so neben der Krippe stand, streckte das Neugeborene seine kleine Hand aus, fasste ein Ohr des Esels und hielt es fest, wie kleine Kinder das tun.

Da passierte etwas ganz Merkwürdiges: Der Esel hatte auf einmal keine Lust mehr, unfolgsam zu sein. Zum ersten Mal in seinem Leben wollte er brav sein. Und er wollte dem Kind ein Geschenk machen, aber er hatte nichts zu verschenken. Das Kind schien sein Ohr zu mögen, aber das Ohr war ja ein Teil von *ihm*. Da hatte er eine merkwürdige Idee: Vielleicht konnte er *sich selbst* dem Kind schenken?

Kurz darauf kam Joseph mit einem hochgewachsenen Fremdling herein. Der Fremde sprach eindringlich auf Joseph ein, und als der Esel die beiden anstarrte, traute er kaum seinen Augen!

Der Fremde schien sich aufzulösen, und an seiner Stelle stand ein Engel des Herrn, eine goldene Gestalt mit Flügeln. Aber gleich darauf verwandelte sich der Engel in einen Mann zurück.

»Du liebe Zeit, ich sehe Gespenster«, sagte der Esel zu sich. »Das muss von all dem Heu kommen, das ich gefressen habe.«

Joseph sprach mit Maria.

»Wir müssen das Kind nehmen und fliehen. Es ist keine Zeit zu verlieren.« Sein Blick fiel auf den Esel. »Wir nehmen den Esel hier und lassen das Geld für seinen Besitzer zurück. So gewinnen wir Zeit.«

Und so zogen sie auf die Straße, die von Bethlehem wegführte. Aber als sie an eine enge Stelle kamen, versperrte ihnen ein Engel des Herrn mit einem flammenden Schwert den Weg, und der Esel, der ihn als Einziger sah, wandte sich seitwärts und begann den Hügel hinaufzuklettern. Joseph versuchte, ihn auf die Straße zurückzuzerren, aber Maria sagte: »Lass ihn. Denk an den Propheten Bileam.«

Denn hatte nicht Bileams Eselin ihren Herrn vor dem Ver-

derben errettet, weil sie störrisch ihren eigenen Weg einschlug?
Und gerade als sie im Schutz einiger Olivenbäume angelangt waren, kamen mit gezogenen Schwertern die Soldaten des Königs Herodes die Straße heruntergesprengt.
»Genau wie bei meiner Urgroßmutter«, sagte der Esel, äußerst zufrieden mit sich. »Nimmt mich nur wunder, ob ich nun auch in die Zukunft sehen kann.«
Er blinzelte mit den Augen – und sah ein verschwommenes Bild: einen Esel, der in eine Grube gefallen war, und einen Mann, der half, ihn herauszuziehen …
»Na, so was, das ist ja mein Herr als erwachsener Mann«, sagte der Esel. Dann sah er ein anderes Bild: denselben Mann, der auf einem Esel in eine Stadt ritt … »Natürlich«, sagte der Esel. »Er wird zum König gekrönt!«
Aber die Krone schien nicht aus Gold, sondern aus Dornen zu sein. Der Esel liebte zwar Dornen und Disteln, aber für eine Krone erschienen sie ihm doch unpassend. Und dann war da noch etwas auf einem Schwamm, bitter wie die Myrrhe, an der er im Stall geschnuppert hatte …
Und der kleine Esel wusste plötzlich, dass er nicht mehr in die Zukunft sehen wollte. Er wollte nur in den Tag hinein leben, seinen kleinen Herrn lieben und von ihm geliebt werden und ihn und seine Mutter sicher nach Ägypten tragen.

ES WAR EINMAL …
EIN WEIHNACHTSABEND

IN HÜLLE UND FÜLLE
Ein Märchen aus Dänemark

Es war an einem Weihnachtsabend, da kamen zwei arme Wanderer zu einem großen Bauernhof und baten, die Nacht über dableiben zu dürfen. Nein, sagten die Hofbewohner, sie könnten solchen Bettlern kein Obdach geben. Da gingen sie weiter und kamen zu einer Hütte, in der ein armer Häusler mit seiner Frau wohnte. Sie klopften an und fragten, ob sie dort die Nacht über bleiben könnten. Ja, sagten die Leute, das könnten sie gern, wenn sie mit dem, was sich vorfinde, vorliebnehmen wollten, denn sie seien ja nur geringe Leute.

Die beiden Fremdlinge dankten herzlich und traten ein. Da flüsterte die Frau dem Mann zu und sagte: »Wir müssen doch an diesem hochheiligen Abend den Fremden etwas zum besten geben. Wir müssen wohl unser Widderlamm schlachten.«

»Ja, laß uns das tun!« sagte der Mann; und sie schlachteten das Lamm, und ein guter Braten kam auf den Tisch, und sie aßen und waren vergnügt miteinander an dem Heiligen Abend. Als es dann Schlafenszeit war, wiesen sie den Gästen ihr eigenes Bett an; es war das einzige, das sie hatten. Und dann breiteten sie Stroh auf die Diele, und dort schliefen sie selber.

Am nächsten Morgen gingen sie allesamt zur Kirche, und die Häusler baten die beiden Wanderer, doch während der beiden Feiertage noch bei ihnen zu verweilen. »Denn jetzt haben wir ja all das gute Essen«, sagten sie, »das müßt ihr uns verzehren helfen.« Die Fremden dankten, und sie blieben die beiden Weihnachtstage über da. Am Morgen des dritten Weihnachtstags, als sie fortgehen wollten, bedankten sich die beiden Fremden für die gute Aufnahme. Es sei schlimm, sagten sie, daß sie ihnen keine Bezahlung anbieten könnten. Ach, das bliebe sich gleich, sagten Mann und Frau; sie hätten sie nicht um irgendeines Lohnes willen aufgenommen.

Gerade als sie aus der Tür gehen wollten, sagte der eine der beiden Wanderer: »Aber das ist wahr, hatte das Lamm keine Hörner?«

»Doch«, sagte der Mann, »aber sie waren zu nichts nütze.« Er dachte, daß die Fremdlinge vielleicht Verwendung für Widderhörner haben könnten und ihn um dieselben bitten wollten.

»Wie viele Hörner hatte das Lamm?« hob der Fremde wieder an.

»Zwei«, sagte der Mann, ganz verwundert über die Frage.

»Dann mögen euch zwei Wünsche erfüllt werden«, sagte der Fremde, »welche ihr wollt.«

Da sagte der Mann, sie hatten keine anderen Wünsche, als daß sie hier auf Erden ihr tägliches Brot und Auskommen haben und nach ihrem Tod ins Himmelreich kommen möchten.

»Das gewähre euch Gott«, sagte der Fremde, »über ein Jahr sprechen wir wieder bei euch vor.« Und dann gingen die beiden Wanderer fort.

Seit dem Tag gedieh und vermehrte sich alles bei den Häuslern auf die wunderbarste Art. Sie bekamen drei große Kälber statt eines von ihrer einzigen Kuh, sie bekamen acht gute Lämmer von ihren zwei Schafen, und sie bekamen so viele Ferkel von ihrer Sau, daß sie fast nicht zu zählen waren;

und von allem, was in ihrem bißchen Ackerland gesät war oder gesät wurde, erhielten sie wohl hundertfältige Frucht. Sie wurden daher recht wohlhabend und bauten ihr Hüttchen aus, so daß es größer und behaglicher wurde. Und sie freuten sich auf Weihnachten, wo die beiden Fremdlinge wiederkommen wollten. Denn sie merkten wohl, daß sie ihnen all den Segen zu verdanken hätten.
Ihre Nachbarn und alle Leute im Dorf wunderten sich höchlich über den Wohlstand, der in das ärmliche Haus strömte, und die Bewohner des Hofes ihnen gerade gegenüber, wo die beiden Wanderer abgewiesen worden waren, verwunderten sich nicht am wenigsten; und als sie erfuhren, woraus die Häusler kein Geheimnis machten, daß all der Segen den guten Wünschen der armen Wanderer zu verdanken sei, welche am letzten Weihnachten bei ihnen eingekehrt waren, wurden sie schrecklich neidisch und meinten, das alles sei ihnen selbst gleichsam gestohlen; denn die guten Wünsche hätten ja ihnen zuteil werden können, wenn sie sie nur aufgenommen hätten. Als sie nun hörten, daß die Fremdlinge versprochen hätten, um Weihnachten wiederzukommen, baten und bettelten und drohten sie den Häuslern das Versprechen ab, dieselben bei ihrer Ankunft nach dem Hof hinüberzuweisen.
In der Dämmerungsstunde des Weihnachtsabends kamen dieselben zwei Wanderer und klopften bei den Häuslern an. Sowohl der Mann wie die Frau gingen hinaus und begrüßten sie und dankten ihnen für all den Segen, den ihr Besuch ihnen gebracht habe. Die Fremdlinge baten, ob sie die Nacht über dableiben und das Fest mit ihnen feiern dürften. Ja, sagten die Häusler, nichts würde ihnen lieber sein; aber sie hätten den Hofbewohnern gerade gegenüber versprochen, sie

bei ihrer Ankunft dorthin zu weisen. Es täte ihnen so leid, daß sie sie voriges Jahr abgewiesen hätten, und sie wollten es gern wiedergutmachen. »Und ihr bekommt es auch drüben viel besser als wir es euch bieten könnten«, sagten die Häusler. »Wenn ihr es wünscht«, sagten die Fremden, »gehen wir heute abend dort hinüber, allein morgen früh gehen wir mit euch zur Kirche.«

Dann gingen sie zu dem Hof hinüber. Der Junge schaute schon draußen vor dem Tor nach ihnen aus, und er lief gleich hinein, um ihre Ankunft zu melden. Der Hofbesitzer und seine Frau kamen beide hinausgeschossen und nahmen die Fremdlinge in Empfang und führten sie in ihre beste Stube und brachten viele Entschuldigungen vor, daß sie sie voriges Jahr abgewiesen hätten. Der Hofherr hatte einen fetten Ochsen geschlachtet, und es wurde reichlich aufgetischt: Sie erhielten Suppe und Braten und Kuchen, und es war gutes Bier und alter Met da und Wein obendrein. Sie erhielten ihr eigenes Schlafzimmer mit zwei großen Betten, mit Federdecken und Kissen bis an die Decke.

Am nächsten Morgen standen die Fremdlinge frühzeitig auf; die Hofbewohner baten sie, doch die Feiertage über dazubleiben; aber die Fremdlinge sagten, sie müßten fort: Sie wollten noch zur Kirche und dann von dortaus weitergehen. Der Hofherr ließ darauf seinen Staatswagen anspannen: Sie dürften nicht zur Kirche gehen, sie müßten unbedingt fahren. Sie bedankten sich, und als sie abfahren sollten, sagte der eine der Fremden zu dem Wirt und der Wirtin, sie wüßten nicht, wie sie ihnen dafür lohnen sollten, daß sie so glänzend aufgenommen worden; Geld hätten sie leider nicht. – »Aber das ist wahr«, sagte er, »hatte der Ochse Hörner?«

»Ja, das hatte er allerdings«, sagte der Mann; – er hatte nämlich von den Häuslern gehört, was für Gespräche voriges Jahr geführt worden waren, und so verstand er gleich, worauf dies hinauslief!

»Wie viele Hörner hatte er?« fragte nun der Fremde.

Die Frau zupfte den Mann am Ärmel und sagte: »Sage vier!«

Da antwortete der Mann, der Ochse habe vier Hörner gehabt. »Dann sollen euch auch vier Wünsche erfüllt werden«, sagte der Fremde; »jedem von euch mögen zwei freistehen.« Und dann stiegen sie in den Wagen, und die Häusler fuhren bei der Gelegenheit auch mit zur Kirche. Der Hofherr fuhr selbst; er beeilte sich nach Möglichkeit, um recht bald wieder zu Hause sein zu können. Dann würden er und seine Frau sich über ihre vier Wünsche verständigen. Sie könnten dann ja alles bekommen, was ihr Herz begehrte.

Sobald er die Fremdlinge und die Häusler an der Kirche abgesetzt hatte, ließ er sich denn auch keine Zeit, dem Gottesdienst beizuwohnen, sondern kehrte gleich um und peitschte auf die Pferde, um so rasch wie möglich nach Hause zu kommen. Aber da strauchelt das eine Pferd und zerreißt den Strang. »Den Henker auch!« sagt er, und er muß absteigen, um den Strang wieder zu befestigen. Dann fährt er wieder weiter. Aber es dauert nicht lange, da strauchelt auch das andere Pferd. »Hole euch beide der Teufel!« sagt der Mann. Und kaum hat er das gesagt, wupps, sind beide Pferde verschwunden, und er sitzt auf dem Wagen mit den Zügeln in der Hand. Es blieb nichts anderes übrig, als den Wagen stehen zu lassen und die Reise zu Fuß fortzusetzen. Der eine Wunsch war also in Rauch aufgegangen. Aber das nahm er sich nicht weiter zu Herzen, da er bedachte, daß ihnen noch drei Wünsche blieben. Sie konnten ja leicht so viele Pferde, wie sie wollten, und alle sonstigen guten Dinge dazu erhalten. Er marschierte also getrost auf der Landstraße dahin.

Mittlerweile geht die Frau im Haus umher und wartet und wartet. Sie sehnte sich von Herzen, daß ihr Mann kommen möge, damit sie mit dem Wünschen beginnen könnten. Sie geht hinaus und späht die Straße entlang; aber die Zeit verstreicht, und er kommt nicht. »Ach, wäre er doch da, der Nölpeter!« sagt sie, und in demselben Augenblick steht er vor ihr. »O weh!« sagte sie, »da hab ich den einen Wunsch verscherzt! – Aber du kommst ja angestiefelt wie ein rechter Bettler«, sagte sie; »wo hast du Wagen und Pferde gelassen?«

»Ja, das ist *deine* Schuld«, sagte der Mann; »ich habe meine Prachtpferde zur Hölle gewünscht. Es ist kein Glück bei solchem Betrug. Du warst es, die mir einblies, daß der Ochse vier Hörner gehabt hätte. Mir wäre es schon recht, wenn dir die beiden erlogenen Hörner im Genick säßen!« Wupps, da saßen sie auch.

Jetzt hatten sie also drei von ihren vier Wünschen erfüllt bekommen, und es war nur noch einer übrig, welcher der Frau zukam. Da begann der Mann ihr freundlich zuzureden und sagte: »Liebes Frauchen! Wende jetzt deinen Wunsch gut an und wünsche uns einen ungeheuren Haufen Geld! Dann kann ja alles noch gut werden.«

»Nein, danke schön«, sagte die Frau, »und ich sollte dann bis an meinen Sterbetag mit den Hörnern herumlaufen!« Das wollte sie nicht, und so wünschte sie sogleich die beiden Hörner zum Teufel. Die waren denn auch auf der Stelle fort. Aber die Hofbesitzer waren mit all ihren Wünschen nicht reicher, sondern nur um ein Paar gute Pferde ärmer geworden.

DIE MÜHLE AUF DEM MEERESGRUNDE

Ein Märchen aus Norwegen

In uralten Zeiten lebten einmal zwei Brüder, der eine war reich, der andere arm. Als nun Weihnachten kam, hatte der Arme weder ein Stück Fleisch noch einen Bissen Brot im Hause; er ging daher zum Bruder und bat ihn in Gottes Namen um eine Kleinigkeit. Nun war's nicht das erstemal, daß der Reiche dem armen Bruder etwas gegeben hatte; er war daher ärgerlich, als er ihn kommen sah.

»Tust du, was ich sage«, sprach er, »sollst du einen ganzen Räucherschinken haben!« Ja, das wollte der Arme gern tun und bedankte sich.

»Da hast du ihn«, rief der Reiche, »und fahr zur Hölle damit!« und warf ihm den Schinken zu.

»Ja, hab ich's versprochen, so muß ich es auch tun«, sagte der andere, nahm den Schinken und machte sich auf den Weg. Den ganzen Tag über schritt er dahin, und als es dunkel wurde, sah er vor sich ein Licht. ›Hier wird's wohl sein‹, dachte er. Drinnen im Wald stand ein alter Mann mit langem, weißem Bart und schlug Holz.

»Schönen Abend!« sagte der mit dem Räucherschinken.

»Gleichfalls schönen Abend! Wohin so spät?« sprach der Alte.

»Oh, ich will bloß zur Hölle, weiß aber nicht, ob dies der rechte Weg ist«, versetzte der Arme.

»Doch, doch, hier bist du ganz richtig«, sprach der Mann. »Hier ist die Hölle! Wenn du hereinkommst, werden dir alle deinen Schinken abkaufen wollen, denn Fleisch ist seltene Kost in der Hölle, weißt du. Aber verkauf ihn nicht für Geld, sondern verlange die alte Handmühle, die hinter der Tür steht! Und wenn du wieder herauskommst, zeige ich dir, wie du sie einstellen mußt, denn die Mühle ist dir sehr nützlich, mußt du wissen.«

Der Mann mit dem Schinken bedankte sich für den guten Ratschlag und klopfte beim Teufel an. Als er eintrat, ging es genauso, wie der Alte gesagt hatte: Alle Teufel, große und kleine, umringten ihn, und der eine bot ihm noch mehr als der andere für den Schinken.

»Eigentlich wollte ich ihn zum Weihnachtsabend mit meinem Weib verspeisen«, sprach der Mann, »aber weil ihr alle so gierig darauf seid, muß ich ihn euch wohl überlassen, doch ich gebe ihn nur für die alte Handmühle her, die hinterm Tor steht.«

Indessen, der Teufel wollte sie nicht hergeben und feilschte und handelte. Aber der Mann blieb bei seinem Verlangen, und da mußte der Teufel die Mühle doch herausrücken.

Als der Mann wieder beim alten Holzfäller vorbeikam, fragte er ihn, wie er die Mühle einstellen müsse. Er erfuhr es, bedankte sich und machte sich auf den Heimweg, aber so schnell er auch lief, er kam nicht vor zwölf Uhr in der Weihnachtsnacht daheim an.

»Ei, wo in aller Welt hast du dich herumgetrieben?« fragte seine Frau. »Stunde um Stunde hab ich hier gesessen und gewartet, und nicht einmal zwei Stück Brennholz habe ich, sie unter den Grützkessel zu legen, um uns damit das Weihnachtsmahl zu kochen!«

»Ach, ich konnte wirklich nicht eher kommen, denn ich hatte allerlei zu besorgen und dazu noch einen weiten Weg; aber jetzt sollst du sehen, was ich dir mitgebracht habe!« sprach der Mann und stellte die Mühle auf den Tisch.

Zuerst befahl er der Mühle, Lichter zu mahlen, dann ein Tischtuch und danach Speisen und Bier, ja alles, was zu einem rechten Weihnachtsschmaus gehörte; und sobald er etwas bestellt hatte, mahlte es die Mühle. Immer wieder bekreuzigte sich seine Frau und wollte nun durchaus wissen, wo er die Mühle herhätte, aber das wollte er ihr nicht verraten.

»Es ist einerlei, woher sie kommt«, sprach er, »du siehst, die Mühle ist gut, das Mahlwasser gefriert nicht und reicht!«

Und dann mahlte er weiter Essen und Trinken und alles, was gut schmeckt in der Weihnachtszeit, und am dritten Weihnachtstag lud er seine Freunde ein, denn er wollte sie bewirten.

Als der reiche Bruder sah, was da alles angeboten wurde, wurde er bleich vor Wut, denn er gönnte seinem Bruder gar nichts. »Am Weihnachtsabend war er so bettelarm, daß er zu mir kam und um ein Almosen in Gottes Namen bat. Und nun fährt er hier soviel auf, als ob er gar ein Graf oder König sei!« sprach er.

»Ja, um alles in der Welt, wo hast du denn all diesen Reichtum gefunden?« fragte er seinen Bruder.

»Hinter der Tür«, sagte der, denn er hatte wenig Lust, dem Bruder Rechenschaft zu geben. Aber spät am Abend, als er einiges getrunken hatte, konnte er sich nicht mehr zurückhalten, sondern schleppte die Mühle herbei: »Da siehst du das gute Stück, das mir all den Reichtum gebracht hat!« rief er und ließ die Mühle bald dieses, bald jenes mahlen.

Als der Bruder das sah, wollte er ihm die Mühle auf Tod und Leben unbedingt abkaufen, aber der wollte gar nichts davon wissen. Nach langem Hin und Her war er aber doch bereit, sie für dreihundert Taler abzutreten, doch bis zur Heumahd müsse er sie noch behalten dürfen, sagte er. ›Habe ich sie noch so lange‹, dachte er, ›kann ich mir noch Essen und Trinken für manches Jahr mahlen.‹

Und so wurde denn die Mühle in der Zwischenzeit nicht rostig, wie man sich denken kann, aber zur Heumahd kriegte sie der reiche Bruder. Der andere hatte sich indessen gehütet, ihm zu sagen, wie man sie einstellen müsse.

Gegen Abend hatte der Reiche die Mühle zu sich nach Hause geholt, und am andern Morgen sprach er zu seiner Frau, sie solle nur mit den Schnittern auf die Wiese gehen und heuen, er werde unterdessen schon das Mittagsmahl machen.

Zur Mittagszeit setzte er die Mühle auf den Küchentisch. »Mahle Hering und Mehlsuppe, aber hurtig und gut!« rief er. Und die Mühle mahlte es, zuerst alle Schüsseln und Töpfe voll und dann soviel, daß die ganze Küche schwamm. Der Mann stellte die Mühle anders ein und drehte daran herum, aber was er auch versuchte – sie hörte nicht auf zu mahlen, und zuletzt stand die Mehlsuppe so hoch, daß er fast darin ertrank. Die Stubentür riß er auf, aber es dauerte nicht lange, da hatte die Mühle auch die Stube voll gemahlen, und mit Müh und Not faßte er die Klinke in all der Suppenflut. Als er die Tür aufgemacht hatte, stürzte er ins Freie. Hering und Suppe immer hinter ihm drein, so daß bald der ganze Hof und die Felder überschwemmt waren.

Da meinte die Frau, die noch immer im Heu beschäftigt war, es dauere recht lange, ehe ihr Mann das Essen fertig hätte. »Ruft er uns nicht nach Hause, müssen wir selbst hingehen«, sprach sie zu den Schnittern. »Ich kann mir schon denken: Allein ist er mit der Suppe nicht fertiggeworden, da muß ich ihm helfen.«

So gingen sie heimwärts. Als sie aber über den Berg kamen,

schwammen ihnen schon Hering, Mehlsuppe und Brot entgegen, alles die kreuz und die quer, und der Mann lief vorneweg.

»Geb's Gott, daß jeder hundert Bäuche hat, das alles zu essen! Aber paßt auf, daß ihr im Essen nicht ertrinkt!« schrie er und rannte an ihnen vorbei, als sei der Leibhaftige hinter ihm her, dahin, wo sein Bruder wohnte. Er bat ihn, um Gottes willen, doch gleich die Mühle zurückzunehmen.

»Mahlt sie noch eine Stunde weiter, dann versinkt das ganze Dorf in Hering und Suppe!« jammerte er. Der Bruder aber wollte sie nur zurück, wenn er ihm nochmals dreihundert Taler bezahlte. Und das tat der Reiche denn auch.

Jetzt hatte der Arme also Geld und Mühle, und gar nicht lange dauerte es, da hatte er sich ein Haus gebaut, viel prächtiger als dasjenige seines Bruders. Und die Mühle mahlte soviel Gold zusammen, daß er die Wände mit puren Goldplatten auskleiden konnte, und da sein Haus am Strand stand, konnte man schon weit vom Meer her den Glanz sehen. Wer vorbeisegelte, hielt an, um den Reichen in seinem Goldhaus zu besuchen und die wunderbare Mühle zu bestaunen, von der weit und breit geredet wurde.

Einmal kam auch ein Schiffer vorüber, der wollte sich auch die Mühle anschauen. Er fragte, ob sie auch Salz mahlen könne. Ja, Salz könne sie auch mahlen, meinte der Besitzer, und da wollte der Fahrensmann sie ihm unbedingt abkaufen, koste sie, was sie wolle. ›Denn habe ich sie‹, dachte er, ›dann muß ich nicht mehr weit übers Meer segeln, um Salz zu holen.‹ Anfangs wollte der Mann sie nicht hergeben, aber der Schiffsbesitzer bat und flehte so lange, bis er sie zu guter Letzt doch bekam, und diesmal für viele, viele tausend Taler.

Als der Schiffer die Mühle auf den Rücken genommen hatte, machte er sich flugs aus dem Staube, denn er fürchtete, dem anderen könne der Handel wieder leid werden. Nicht einmal soviel Zeit ließ er sich, nachzufragen, wie man sie denn einstellen müsse. So schnell er konnte, bestieg er sein Handelsschiff und fuhr los. Als er ein Stück auf die offene See hinausgekommen war, holte er die Mühle hervor.

»Mahl Salz, aber hurtig und gut!« rief er. Und da legte die Mühle los, daß es nur so knackte und sprühte. Als der Handelsmann sein Schiff voll hatte, wollte er die Mühle anhalten, doch wie er es auch versuchte, die Mühle mahlte und mahlte, und der Salzhaufen wurde größer und größer. Zuletzt versank das ganze Schiff mit Mann und Maus in der See. Und da unten auf dem Meeresgrund steht die Mühle und mahlt bis zum heutigen Tag. So kommt es, daß Meerwasser salzig ist.

HILDUR, DIE KÖNIGIN DER ELBEN
Ein Märchen aus Island

Es war einmal ein Bauer, der auf seinem Hof oben zwischen den Bergen lebte. Eine Frau hatte er nicht, aber eine Haushälterin, die Hildur hieß. Von ihrer Familie aber wußte man nichts. Sie war eine fleißige Frau, kümmerte sich um den Hausstand, wie es nicht besser sein konnte, und sie war auch immer zu allen freundlich. Und deshalb hatten die Leute auf dem Hof sie sehr gern. Und auch der Bauer mochte sie.

Die Wirtschaft des Bauern war sehr gut, und er konnte damit zufrieden sein, wenn die Sache nicht mit den Hirten gewesen wäre. Er hatte es nämlich schwer, für einen Schafhirten, wenn der gestorben war, immer einen Nachfolger zu bekommen. Da er aber ein wohlhabender Schafbauer war und seine Herde überaus groß, konnte er auf einen Hirten nicht verzichten.

Doch die Schwierigkeiten, die der Bauer mit seinen Hirten hatte, waren sehr merkwürdig; denn hatte er wieder einmal einen neuen in seinen Dienst einstellen können, lag der am Morgen nach der Weihnachtsnacht tot in seinem Bett.

In jenen Zeiten war es im ganzen Land Sitte, am Heiligabend Gottesdienst abzuhalten. Und es wurde für ebenso feierlich gehalten, sich dann zur Kirche zu begeben wie am ersten Feiertag selbst. Aber auf den Gebirgshöfen, die weit von der Kirche entfernt lagen, war es für die, welche noch mit ihrer Arbeit beschäftigt waren und deshalb den Hof noch nicht verlassen konnten, bis der Stern zwischen Morgen und Mittag stand, recht beschwerlich, zum Gottesdienst

zu kommen. Und es war üblich, daß die Hirten bei diesen Bauern nicht früher nach Hause kamen. Wohl brauchten sie nicht den Hof zu hüten, wie es üblich war, daß es der eine oder andere in der Weihnachts- und Silvesternacht tat, während die übrigen Leute in der Kirche waren. Denn seit Hildur zu dem Bauern gekommen war, hatte sie sich stets von selbst dazu erboten, und in der Zeit besorgte sie alles das im Hause, was zum Fest gemacht werden mußte: Essen kochen und anderes, was nötig war, und sie war bis spät in der Nacht noch wach, so daß die, die in der Kirche gewesen waren, oft schon lange schliefen, ehe sie sich selbst zu Bett legte. Als es eine Reihe von Jahren so gegangen war, daß die Hirten des Bauern immer plötzlich in der Heiligen Nacht starben, fing man an, in den Ortschaften darüber zu sprechen. Und es fiel deshalb dem Bauern sehr schwer, jemand für diese Arbeit zu bekommen. Und je mehr starben, desto schwerer wurde es. Und der Bauer nahm sich das auch sehr zu Herzen und wußte gar nicht, was er machen sollte. Eine Schuld konnte ihn nicht treffen, auch nicht seine Leute; denn eine Wunde oder irgendeine besondere Verletzung war an den Leichen nicht zu entdecken.
Schließlich sagte der Bauer, daß er es nicht mehr mit seinem Gewissen vereinbaren könne, Hirten zu dingen, die den sicheren Tod zu erwarten hätten, und daß nun das Schicksal darüber zu bestimmen hätte, was aus seinem Vieh und seinem Hab und Gut würde.
Als der Bauer diesen Entschluß gefaßt hatte und keinen mehr in seinen Dienst nehmen wollte, kam einmal ein munterer und kräftiger Mann zu ihm und bot ihm seinen Dienst an. Der Bauer sagte: »So nötig habe ich deinen Dienst nicht, daß ich dich nehmen müßte.« Der Fremde fragte: »Hast du

einen Hirten für den nächsten Winter gedungen?« – »Nein«, war des Bauern Antwort. Und er erklärte ihm, daß er sich für die kommende Zeit entschieden haben, niemand zu dingen. »Und du hast wohl gehört«, fuhr er fort, »wie schrecklich es bisher meinen Hirten ergangen ist.« – »Gehört habe ich davon«, sagte der Fremde, »aber ihr Schicksal soll mir keine Furcht einjagen.«

Da gab der Bauer nach, weil er dem eindringlichen Wunsch des Fremden nicht widerstehen konnte. Und er nahm ihn als Schafhirten in seinen Dienst.

So verging nun die Zeit. Und der Bauer und der Hirt waren sehr zufrieden miteinander, und den Hirten hatte jeder gern; denn er war ein freundlicher, munterer und tüchtiger Mann.

Bis zum Heiligabend geschah nichts Besonderes. Am Heiligabend zog der Bauer mit seinen Leuten zur Kirche, seine Haushälterin blieb auf dem Hof zurück und der Hirte bei seinen Schafen.

Es ging auf den Abend zu, ehe der Hirt wie gewöhnlich nach Hause kam. Er aß seine Grütze und legte sich dann hin. Da dachte er so bei sich, es wäre wohl besser, wach zu bleiben, als zu schlafen, falls tatsächlich etwas passieren sollte. Furcht hatte er nicht, blieb aber doch sicherheitshalber wach. Spät in der Nacht kamen die Kirchengänger wieder zurück. Sie bekamen noch etwas zu essen und gingen dann zu Bett. Bis jetzt war noch nichts geschehen, als aber der Hirt glaubte, daß alle schon eingeschlafen waren, fühlte er sich auch sehr müde, was ihn nach den Anstrengungen des Tages nicht weiter wunderte, und er wollte auch einschlafen. Doch im letzten Augenblick wurde ihm klar, daß das gefährlich werden könnte, und er zwang sich darum, weiter wach zu blei-

ben. Es dauerte auch gar nicht lange, da hörte er, wie jemand an sein Bett trat. Und er meinte, daß das die Haushälterin Hildur war, die hier ihr Wesen trieb. Er stellte sich schlafend und spürte, daß sie ihm etwas in den Mund steckte. Er fühlte, daß das ein Zaum für den Hexenritt war und ließ sich ruhig aufzäumen. Als sie ihm das Zaumzeug angelegt hatte, befestigte sie die Zügel, wie es ihr am bequemsten war, setzte sich auf seinen Rücken und ritt in fliegender Fahrt fort, bis sie, wie es ihm schien, an einen Graben oder eine Spalte im Erdboden kam. Da sprang sie auf einen Stein, ließ die Zügel hängen und verschwand vor seinen Augen in dem Erdspalt.
Dem Hirten kam es schlimm und rätselhaft vor, daß Hildur einfach so verschwand, ohne daß er wußte, wohin sie wollte und wo sie geblieben war. Er merkte aber auch, daß er in seinem Zustand nichts unternehmen konnte, weil ihm das Zaumzeug ja angelegt war, durch das sie ihn verzaubert hatte. Deshalb begann er sich an dem Stein, auf den sie gesprungen war, so lange den Kopf zu reiben, bis er sich das Zaumzeug abgescheuert hatte. Er ließ es nun einfach dort liegen und sprang in die Spalte, in der Hildur gerade verschwunden war.
Ihm war so, als wäre er in der Spalte noch gar nicht so tief hineingekommen, als er auch schon wieder Hildur erblickte, die ihren Weg über schöne Wiesen nahm. Nach alle dem, was er bis jetzt erlebt hatte, war ihm nun klar, daß es bei Hildur nicht mit rechten Dingen zugehen konnte. Und daß sie sicher allerlei geheimnisvolle Sachen verbarg, wenn sie sich oben so ehrbar unter den Menschen aufhielt. Da ihm bewußt war, daß sie ihn sehen könnte, wenn er jetzt hinter ihr herging, nahm er einen Stein aus seiner Tasche, der ihn un-

sichtbar machte, und verbarg ihn in der linken Hand. Dann lief er, so schnell er nur konnte, hinter ihr her.
Als er weiter auf die Wiese gekommen war, sah er eine große prächtige Halle. Und Hildur folgte dem Weg, der direkt dorthin führte. Nun sah er, wie ihr eine große Schar von Menschen aus der Halle entgegenkam. An ihrer Spitze ging ein Mann, der am prächtigsten von allen gekleidet war. Und es schien ihm, als begrüße er sie als seine Frau und heiße sie willkommen. Die anderen aber, die in seinem Gefolge waren, begrüßten sie fröhlich als ihre Königin. Mit dem König kamen Hildur zwei halberwachsene Kinder entgegen, die voller Freuden ihre Mutter begrüßten.
Als sie alle der Königin ihre Huldigung dargebracht hatten, führten sie sie und den König in die Halle, wo ihr ein ehrenvoller Empfang bereitet wurde. Man kleidete sie in königliche Gewänder und streifte ihr herrlich goldene Reifen auf die Arme.
Der Hirte kam nun auch bald in die Halle, blieb jedoch dort, wo am wenigsten Leute waren, konnte aber trotzdem von seinem Platz aus alles genau beobachten. Soviel Glanz und Pracht, wie er hier in der Halle zu sehen bekam, hatte er noch nie in seinem Leben gesehen. Tische wurden herbeigeschafft und gedeckt, und er konnte nur über all die Herrlichkeit staunen.
Eine Weile später sah er Hildur, aufs prächtigste gekleidet, in die Halle schreiten. Nun wurde jedem sein Platz angewiesen. Königin Hildur erhielt den Ehrensitz neben dem König. Und zu beiden Seiten ließ sich dann das Gefolge nieder. Und jetzt begannen alle mit dem Essen.
Danach wurden die Tische wieder abgedeckt, und die Männer und Frauen tanzten oder gingen anderen Vergnügungen

nach. Der König und die Königin aber saßen da und sprachen miteinander. Und ihr Gespräch, so schien es dem Hirten, war sowohl mit Freude wie mit Kummer vermischt.
Während sie so miteinander redeten, kamen noch drei jüngere Kinder zu ihnen und umarmten freudig und voller Glück ihre Mutter. Königin Hildur küßte sie voller Liebe, nahm dann das jüngste Kind auf den Schoß und streichelte es. Aber das Kind war quengelig und wurde unruhig. Da setzte die Königin es ab, streifte sich einen Ring von ihrem Finger und gab ihn dem Kind zum Spielen. Da wurde das Kind auch ruhig, spielte eine Weile mit dem goldenen Ring, verlor ihn aber schließlich auf dem Fußboden. Der Hirt, der nicht weit von dem spielenden Kind stand, hatte das gesehen, konnte den Ring erwischen und ihn gut bei sich verstecken, ohne daß jemand das merkte. Aber es schien allen sehr merkwürdig, daß der Ring nirgends zu finden war.
Als der größte Teil der Nacht vergangen war, machte sich Königin Hildur zum Fortgehen fertig. Aber alle, die in der Halle waren und sahen, daß sie nun fortwollte, baten sie, doch noch zu bleiben, und waren sehr traurig, als sie merkten, daß das nicht half.
Der Hirt aber hatte beobachtet, daß in einer Ecke der Halle ein altes Weib saß, das furchtbar häßlich war. Sie war die einzige von allen, die sich weder über die Ankunft von Königin Hildur gefreut, noch sie gebeten hatte zu bleiben. Als der König sah, daß seine Frau sich jetzt zum Abschiednehmen entschlossen hatte, und noch so viele Bitten, zu bleiben, sie nicht umstimmen konnten, ging er zu der alten Frau und sagte: »Nimm nun deine Flüche zurück, Mutter, und erhöre meine Bitten, damit mir meine Königin nicht mehr fern zu sein braucht und meine Freude über unsere Zusammen-

künfte von so kurzer Dauer ist.« Da antwortete ihm die Alte voller Zorn: »Alle meine Flüche werden weiterbestehen, und nichts soll mich erweichen, sie zu widerrufen!«

Als das der König hörte, verließ er schweigend seine Mutter und ging tieftraurig zu seiner Frau, legte seinen Arm um sie, küßte sie und flehte sie noch einmal an, bei ihm zu bleiben. Aber die Königin sagte, die Flüche seiner Mutter trieben sie fort, und man könnte wohl kaum hoffen, daß sie sich öfter sehen könnten; denn das Schicksal sei nun einmal über sie verhängt, und die Tötungen, die ihretwegen stattfänden und die nun schon so zahlreich seien, könnten nicht länger ein Geheimnis bleiben, und sie werde wohl dafür ihre Strafe hinnehmen müssen, obwohl es ihre Schuld gewiß nicht sei.

Als sie so klagte, verließ der Hirt rasch die Halle. Er hatte nun gehört, wie die Dinge standen, und ging geradewegs über die Wiese nach der Spalte. Und aus ihr kam er dann auch wieder schnell nach oben, versteckte seinen Zauberstein, zäumte sich wieder auf und wartete, bis Hildur kam. Kurze Zeit später erschien sie allein und mit trauriger Miene, setzte sich auf seinen Rücken und ritt nach Hause.

Als sie dort angekommen waren, legte sie ihn wieder in sein Bett, zäumte ihn ab und ging dann selbst schlafen. Obwohl der Hirte die ganze Zeit über hellwach gewesen war, stellte er sich doch schlafend, damit Hildur nichts merken sollte. Als sie aber zu Bett gegangen war, gab er seine Vorsicht auf und fiel in einen tiefen Schlaf, der bis zum nächsten Morgen währte.

Früh am anderen Tag war der Bauer bereits wach geworden; denn es ließ ihm keine Ruhe zu erfahren, ob der Schafhirt noch am Leben war; denn er befürchtete, daß es ihm wie den anderen in dieser Nacht ergangen sei. Während sich nun der Bauer anzog, wachten auch die anderen auf und zogen sich ebenfalls an. Als nun der Bauer an das Bett seines Schafhirten trat und ihn berührte, merkte er, daß er am Leben war, und dankte Gott dafür. Da wachte auch der Hirt frisch und fröhlich auf und zog sich an. Währenddessen fragte ihn der Bauer, ob in der Nacht etwas geschehen sei. Der Schafhirt sagte: »Nein, aber ich habe einen sehr merkwürdigen Traum gehabt.«

»Was war denn das für ein Traum?« wollte der Bauer wissen. Da begann der Hirt zu erzählen. Er berichtete seinem Bauern alles ganz genau, von dem Augenblick an, wo Hildur an sein Bett getreten war und sie ihm dann den Zaum angelegt hatte. Und dann teilte er dem Bauern alles Weitere mit, woran er sich erinnern konnte.

Als er mit seiner Erzählung fertig war, saßen alle schweigend da, nur Hildur sagte zu ihm: »Alles, was du gesagt hast, ist gelogen, wenn du nicht durch ein deutliches Zeichen beweisen kannst, daß es so zugegangen ist, wie du es erzählt hast.«

Der Hirt ließ sich dadurch nicht in Verlegenheit bringen, sondern holte den Ring hervor, den er in der Nacht vom Boden aufgehoben hatte, und sagte: »Wenn man mich auch nicht dazu bringen kann, einen Traum durch deutliche Zeichen zu beweisen, so trifft es sich doch so glücklich, daß ich einen klaren Beleg dafür habe, daß ich in dieser Nacht bei den Huldren gewesen bin. Oder ist dies nicht dein Fingerring, Königin Hildur?«

Darauf antwortete Hildur: »So ist es. Und Gott segne dich dafür, daß du mich von dem Fluch befreit hast, den mir meine Schwiegermutter auferlegt hatte. Nur widerwillig beging ich all die Missetaten, die sie mir auferlegt hatte.« Und dann begann Königin Hildur ihre Geschichte:

»Ich war ein Elbenmädchen von geringer Herkunft. Aber der, welcher jetzt König von Elbenheim ist, wurde von Liebe zu mir erfaßt und nahm mich wider den Willen seiner Mutter zur Frau. Da wurde die Mutter so böse, daß sie ihrem Sohn nur kurze Freude an mir versprach und wir uns nur ganz selten sehen sollten. Ich aber sollte Dienstmagd bei den Menschen werden und jedesmal zur Weihnachtszeit den Tod eines Menschen verursachen. Und das sollte so geschehen, daß ich ihn aufzäumen mußte, während er schlief, und auf ihm den Weg reiten mußte, den ich auch in dieser Nacht auf dem Hirten ritt, um meinen Gatten zu besuchen. Und das sollte so lange dauern, bis ich wegen dieser Bosheit überführt und deswegen getötet würde, falls ich nicht einen so kecken und mutigen Mann fände, der mir ins Elbenheim zu folgen wagt und dann beweisen kann, daß er dorthin gekommen sei und gesehen habe, womit sich dort die Leute beschäftigen.

Ihr seht also alle, daß sämtliche Hirten um meinetwillen getötet wurden, seitdem ich hier war. Aber ich hoffe, daß man mir das nicht anrechnen wird, was gegen meinen freien Willen geschehen ist. Denn niemand hat den unterirdischen Weg gefunden und ist aus Neugier in die Behausung der Huldren eingedrungen vor diesem mutigen Mann, der mich nun aus meinem Magddienst und von dem schlimmen Fluch erlöst hat. Und ich werde ihn dafür belohnen, auch wenn das nicht gleich geschieht. Jetzt kann ich nicht länger hierbleiben. Habt Dank für die Güte, die ihr mir erwiesen. Aber die Sehnsucht zieht mich nach meinem Heim.«

Nachdem sie so gesprochen hatte, verschwand Königin Hil-

dur. Und man sah sie später nie wieder unter den Menschen.
Der Schafhirt aber heiratete im Frühjahr und gründete einen Hausstand. Und das konnte er auch; denn der Bauer zeigte sich ihm gegenüber, als er aus seinem Dienst ging, sehr freigebig. Und dann war er auch selbst nicht ohne Mittel. Alle Leute in seinem Bezirk fragten ihn um Rat und baten ihn um Beistand. So beliebt aber war er und glücklich, daß die Leute nicht recht begreifen konnten, wie es zuging, und glaubten, bei ihm hätte jedes Tier zwei Köpfe. Er aber wußte nur zu gut, daß es Königin Hildur war, der er seinen Wohlstand zu verdanken hatte.

FINNA UND DER KÖNIGSSOHN
Ein Märchen aus Island

Es war einmal ein Mann, der Thrandr lögmadr hieß. Und der hatte eine Tochter namens Finna mit dem Beinamen ›forvitna‹, die Vorwitzige. Sie war ein wunderschönes Mädchen und ebenso klug wie schön.

Einmal mußte ihr Vater weit weg ins Land reisen. Und da bat sie ihn beim Abschied, er möge niemandem unterwegs ihre Hand versprechen, es sei denn, sein Leben hänge daran. Und das versprach er ihr auch. Nun kam er unterwegs mit jungen Männern zusammen, die Thrandr um die Hand seiner Tochter baten. Aber er dachte an das Versprechen, das er seiner Tochter gegeben hatte und wies sie alle ab.

Eines Tages aber begegnet ihm ein Mann von düsterem Aussehen. Der ritt auf einem schwarzen Pferd und nannte sich Geirr. Kaum waren die beiden zusammengetroffen, als Geirr ihn auch schon aufforderte, ihm seine Tochter zur Frau zu geben. Als aber der Alte ihm das kurzerhand abschlägt, zieht Geirr sein Schwert und droht, ihn niederzustechen, wenn er ihm seine Tochter nicht geben will. In seiner Not willigt er ein, wie das ja auch mit Finna abgemacht war, und er darf nun ungeschoren seine Reise fortsetzen.

Schließlich wieder zu Hause angekommen, erzählt er seiner Tochter alles. Aber Geirr läßt lange nichts von sich hören, so daß die Geschichte fast vergessen wird.

Doch eines Tages ist es soweit. Geirr erscheint und will Finna heimführen. Finna ist auch bereit, mit ihm fortzureisen, besteht aber darauf, daß Sigurdr, ihr Bruder, sie begleitet.

Geirr erklärt sich damit einverstanden, und sie reiten nun zu dritt los.
Sie haben einen weiten Weg vor sich, und unterwegs sehen sie eine Menge wunderlicher Gesichte. Endlich kommen sie zu einem stattlichen Hof, auf dem Geirr zu Hause ist. Und dort leben sie nun eine Zeitlang ruhig und zufrieden zusammen.
Als aber die Weihnachtszeit herankommt, verschwindet Geirr eines Nachts von der Seite seiner Frau. Und als Finna merkt, daß er fort ist, steht sie auf, weckt ihren Bruder und bittet ihn, sie zu begleiten.
Sie verlassen also den Hof und wandern lange umher, um Geirr zu suchen. Schließlich kommen sie an einen See, finden am Ufer ein Boot, setzen sich hinein und fahren hinüber. Als sie am anderen Ufer wieder aussteigen, sehen sie in einiger Entfernung ein Haus. Finna bittet ihren Bruder, beim Boot zu warten, und geht allein auf das Haus zu. Dort angekommen, tritt sie hinein und sieht in einem halberleuchteten Raum ein Bett stehen. Und darin liegt ihr Mann, zusammen mit einer fremden Frau.
Finna ist tief erschüttert, setzt sich aber ruhig auf die Bettkante und spricht einige Verse. Dann geht sie ganz still zu ihrem Bruder zurück, fährt mit ihm wieder über den See und wandert dann heim zum Hof ihres Mannes. Von dem, was sie gesehen hat, erzählt sie keinem auch nur ein einziges Wort.
Nun kehrt Geirr auch wieder heim. Und Monate später wird ihm das Kind gebracht, das er in jener Nacht, in der Finna auf der Suche nach ihm war und ihn auch entdeckte, mit der fremden Frau gezeugt hatte. Das nimmt Finna auch gutwillig auf und erzieht es, als wäre es ihr eigenes Kind.

So vergeht die Zeit, ohne daß sich etwas Neues ereignet hätte. Als aber die Weihnachtszeit herankommt, geschieht wieder alles so wie beim ersten Mal. Geirr verschwindet, Finna sucht und findet ihn wieder in dem Haus, in dem er mit der fremden Frau schläft, spricht betrübt einige Verse, geht dann zurück zu dem wartenden Bruder, mit dem sie wieder heimkehrt.
Auch diesmal trägt sie ihren Kummer verschwiegen in ihrem Herzen und erzählt keinem auch nur ein einziges Wörtchen von dem, was sie gesehen. Geirr, der bald wieder nach Hause zurückkehrte, bekam auch dieses Mal wieder nach Monaten das Kind gebracht, das er in jener Nacht mit der fremden Frau gezeugt hatte, und sie pflegte und erzog es wiederum wie das andere.
Nun geht wieder ein Jahr vorüber. Und als die Weihnachtszeit herankommt, verläßt Geirr zum drittenmal seine Frau, die ihm zusammen mit ihrem Bruder wiederum folgt und dasselbe sieht. Da spricht sie folgende Verse:

Hier sitz ich neben dem Pfosten.
Mein Glück beginnt zu rosten.
Zerstört hat mein Mann die Freude mir.
Den ich liebe, besitzt eine andere hier.
Oft fällt das Meer über die Lande her.

Jetzt aber ist Geirr erlöst. Und es zeigt sich, daß er ein Königssohn ist. Und die junge Frau, die er in den drei Nächten beschlafen hatte, war keine andere als seine eigene Schwester. Die Stiefmutter der Geschwister hatte nämlich einen Fluch über sie ausgesprochen. Und der Bann sollte nur dadurch gelöst werden, wenn Geirr eine Frau bekäme, die ihn dreimal bei einer anderen liegen sehen und durch solchen Beischlaf gezeugten Kinder aufziehen würde.

Auch die Gesichte, die Finna auf ihrer Brautreise sah – das stellte sich jetzt heraus –, waren Verzauberungen, die ebenfalls durch Finnas Geduld entzaubert wurden.

Und hätte sie ihr Schweigen gebrochen, wäre Geirr auf ewig in einen Drachen und seine Schwester in eine Mähre verwandelt worden. Diese aber heiratete nun Sigurdr, und aller Kummer löste sich in Freude und Glückseligkeit auf.

SIGRÍDUR EYJAFJARDARSÓL
Ein Märchen aus Island

Es war einmal ein reicher Bauer, der zusammen mit seiner Frau auf Mödrufell im Gebiet des Eyjafjördur lebte. Die beiden hatten eine einzige Tochter, namens Sigrídur, die wegen ihrer Schönheit Eyjafjardarsól genannt wurde, was soviel heißt wie ›Sonne des Eyjafjördur‹. Viele Freier kamen zu ihrem Vater, aber der wollte sie keinem geben.

An einem Weihnachtsabend bleibt Sigrídur allein daheim, um auf das Haus aufzupassen, während alle anderen zur Kirche gegangen sind. Vorher hatte der Bauer noch alle Türen auf das sorgfältigste geschlossen und sich von seiner Tochter, die nur sehr ungern zurückblieb, das Versprechen geben lassen, keinem Menschen in der Nacht zu öffnen.

Bis Mitternacht blieb alles ruhig. Dann wird plötzlich draußen an der Tür heftig geklopft, und ein Mann verlangt Einlaß. Sigrídur antwortet nicht und bleibt ruhig sitzen. Als beim dritten Mal das Klopfen, das nun das ganze Haus erschüttert, ohne Erfolg bleibt, geht der Fremde um das Gehöft herum und klopft an das Fenster des Wohnraums, in dem Sigrídur die Nacht mit Lesen verbringt.

Sie schaut hoch und sieht am Fenster ein so schönes Männergesicht, wie sie ein solches in ihrem ganzen Leben noch nie gesehen hat. Als sie der Fremde bemerkt, bittet er sie, zu ihm herauszukommen. Doch Sigrídur schlägt ihm das ab. Nun bittet er sie wenigstens um einen Trunk. Aber auch den will das Mädchen ihm nicht geben. Sie verweist ihn aber auf den Bach, der nicht weit vom Gehöft entfernt fließt.

Als alles vergebens ist, geht der Fremde fort und sagt noch

zum Abschied, es könne noch die Zeit kommen, wo auch ihr Herz einen ebenso großen Schmerz empfinden würde wie seins an diesem Abend.

Am anderen Morgen kommt der Vater mit den anderen heim, und da er es seiner Tochter ansieht, daß sie, wie er befürchtet, in dieser einsamen Nacht ein Erlebnis hatte, läßt er sich von ihr alles erzählen.

Im folgenden Jahr wird gerade am Weihnachtsabend die Mutter krank, so daß außer Sigrídur auch noch der Vater zu Hause bleibt. Um Mitternacht wird wieder heftig an die Tür geklopft. Der Bauer geht hinaus und bleibt so lange draußen, daß die Frauen schon in sehr großer Angst um ihn sind. Endlich kommt er wieder herein und sagt seiner Tochter, sie solle sich so schnell wie möglich fertigmachen; denn nun sei der ihr zugedachte Freier gekommen. Auf ihre Frage, wer das denn sei, erklärt ihr der Vater, das würde sie schon früh genug erfahren. Sie solle sich jetzt nur beeilen und noch schnell von ihrer Mutter Abschied nehmen – der Freier wolle nicht lange warten.

Als Sigrídur nun vor das Haus tritt, sieht sie drei Männer, die draußen stehen und mehr Unholden als Menschen gleichen. Sie wird nun auf ihr schon gesatteltes Reitpferd gesetzt, und fort geht es, hinein in die mondhelle Winternacht.

Ohne anzuhalten, reiten sie drei Tage schweigend vorwärts, bis sie an einen engen Pfad gelangen, der sehr steil bergauf führt. Nun kommt der häßlichste der drei Unholde zu Sigrídur, hebt sie aus dem Sattel und fordert sie kurz auf, hinter dem Pferd herzugehen. Als sie oben auf dem Gipfel des Berges angelangt sind, wirft derselbe Mann sie wieder unsanft auf ihr Pferd.

Dann reiten sie in ein schönes Tal hinunter, das von einem

Bach durchflossen wird. Nach einer Weile kommen sie an einer großen Herde Pferde vorbei. Und da ruft der Unhold Sigrídur zu, ob sie den Besitzer dieser Herde nicht gern heiraten wolle.

Doch Sigrídur erwidert: »Liebe ist besser als Reichtum.« Die gleiche Frage und Antwort wiederholt sich beim Anblick einer prächtigen Rinder- und Schafherde. Endlich kommen sie zu einem großen und ansehnlichen Hof. Und nicht weit vom Haus sieht Sigrídur zu ihrer großen Freude eine kleine Kirche stehen, und auf ihre Bitte hin erlaubt ihr der Unhold, dort einzutreten und so lange sie will, im Gebet zu verweilen. Nachdem sie gebetet hat, fällt sie in einen tiefen Schlaf. Und da erscheint ihr im Traum eine blaugekleidete Frau, die dem Boden des Kirchenchors entsteigt und auf sie zukommt.

Sie begrüßt das Mädchen mit ihrem Namen und erzählt ihr, daß dieser Unhold, eines auf ihm liegenden Fluchs zufolge, schon sie und eine andere Frau in der Hochzeitsnacht getötet hätte, da sie drei Fragen nicht hätten beantworten können. Jetzt wisse sie, welche Antworten sie hätte geben müssen. Und sie wolle diese jetzt Sigrídur sagen, damit sie vor dem gleichen Schicksal bewahrt würde; denn sie gönne ihr von Herzen Glück.

Nun sagt ihr die Fremde mehrmals die Fragen und die Antworten, bis Sigrídur sie genau im Gedächtnis behalten hat. Dann verschwindet sie. Doch Sigrídur glaubt beim Erwachen, ihre Gestalt noch eben zu sehen.

Das Mädchen wiederholt für sich noch mehrmals die Fragen und Antworten und verläßt dann die Kirche. In der Haustür wird sie von einem schönen jungen Mädchen, der Schwester der drei Unholde, willkommen geheißen. Und einen

halben Monat später wird dann die Hochzeit gefeiert. Ein Pfarrer und einige andere Leute kommen, ein großes Festmahl wird gehalten, doch als das vorbei ist, gehen alle Gäste so schnell wie möglich nach Hause; denn der Bräutigam ist mit seinen beiden Brüdern total betrunken und gebärdet sich so bösartig wie der schlimmste Unhold.
Spät in der Nacht kommt er zu Sigrídur ins Brautgemach, setzt sich zu ihr auf die Bettkante und stellt ihr drei Fragen. Als sie diese sofort richtig beantwortet, fällt er ohnmächtig zu Boden und ist nun, ebenso wie seine Brüder, wieder zu einem schönen jungen Mann verwandelt. Von allen Seiten kommen nun auch Leute herbei, während vorher außer den Geschwistern niemand im Hause gewesen zu sein schien.
Sigrídur ist nun mit ihrer Heirat ganz einverstanden, und der Bräutigam legt sich zu ihr ins Bett und vollzieht die Ehe.
Nach einem Jahr bekommt sie ein Töchterchen, das ihr wie aus dem Gesicht geschnitten ist. Als das Kind drei Jahre alt ist, sitzt sie einmal allein mit ihm vor dem Haus, als sich alle anderen auf den Wiesen zur Heuernte befinden.
Da reitet ein Fremder in den Hof und bittet um einen Trunk. Sigrídur geht ins Haus und holt ihm Milch. Er trinkt den Becher aus, und Sigrídur geht noch einmal ins Haus, um den Becher aufs neue zu füllen. Als sie wieder herauskommt, ist der Fremde verschwunden und mit ihm ihr kleines Töchterlein. Drei Tage wird das kleine Mädchen nun nach allen Richtungen hin gesucht. Doch es ist und bleibt spurlos verschwunden.
Schwer leidet die unglückliche Mutter unter diesem Verlust und gewinnt nie ihre frühere Heiterkeit zurück. So vergehen zwölf Jahre. Auf einmal erwacht in ihrem Herzen ein ihr

unerklärliches Verlangen, ihren Mann, der sich jedes Jahr einmal für einige Zeit in die Kaufstadt begibt, zu begleiten. Da sie glaubt, daß dieses Gefühl irgend etwas zu bedeuten habe, rafft sie sich zur Reise auf.

Kurz bevor sie in die Stadt kommen, werden sie von einem Regenschauer überfallen. Sigrídur findet auf Bitten ihres Mannes, solange wie der starke Regen anhält, Aufenthalt in einem fremden Haus. Drinnen trifft sie einen Kaufmann, mit dem sie ins Gespräch kommt. Und dieser Fremde, dessen Gesicht ihr sehr bekannt erscheint, erinnert sie an die Weihnachtsnacht, in der sie vor einem Unbekannten die Tür geschlossen hielt. Und da erklärt er ihr, daß er tatsächlich der junge Mann gewesen sei, der in jener Weihnachtsnacht vor ihrer Tür gestanden habe. Und es sei seine Absicht gewesen, sie aus dem Elternhaus zu entführen und zu heiraten. Da ihm dies nicht geglückt sei, habe er später ihr einziges Kind entführt. Teils, um aus Rache auch ihr Herz zu verwunden, teils, um ihr Abbild stets vor Augen zu haben. Aber jetzt suche er für diese Tat ihre Verzeihung. Er führe ihr jetzt die Tochter, die zu einer lieblichen Jungfrau herangewachsen sei, wieder zu und bitte sie zugleich, ihm sie nach einigen Jahren zur Frau zu geben.

Sigrídur erfährt nun, daß das liebliche Mädchen, das sich bei dem Fremden befindet, ihr eigenes Kind ist. Sie drückt es bewegt an ihr Herz und verzeiht gern das ihr zugefügte Leid. Und nach einigen Jahren wird dann eine fröhliche Hochzeit gefeiert.

DIE VERZAUBERTE KRÖTE
Ein Märchen aus Schweden

Es war einmal ein Kätner, wie es wohl viele gab. Der hatte drei Söhne; aber seine Frau war längst gestorben. Als die beiden ältesten herangewachsen waren, gingen sie eines Tages zu ihm und baten um Erlaubnis, in die weite Welt ziehen und sich verheiraten zu dürfen.

»Wie könnt ihr schon ans Heiraten denken, bevor ihr euer Glück versucht habt?« antwortete der Kätner. »Erst will ich wissen, wer von euch sich das feinste Tuch verdient und es mir am Weihnachtsabend auf den Tisch legt!«

Dieser Vorschlag gefiel den Brüdern, und sie wollten sehen, ob sie ihrem alten Vater nicht diesen Wunsch erfüllen konnten. Beim Abschied aber gab der Kätner jedem drei Geldstücke als Wegzehrung, bis sie sich einen Dienst verschafft hätten.

Gerade als sie aus der Heimat fortziehen wollten, lief auch der jüngste Sohn zum Vater und bat, mitgehen zu dürfen und sein Glück zu versuchen.

»Ach, du armer kleiner Kerl! Wer sollte dich wohl in Dienst nehmen? Bleibe lieber daheim am Herd, da hast du deinen rechten Platz!« sprach der Kätner.

Aber der Bursche blieb hartnäckig und sagte:

»Vater, laßt mich den anderen folgen! Keiner weiß, wie das Glück sich wendet. Vielleicht geht es mir gut in der Welt, wenn ich auch kleiner und schwächer bin als meine Brüder.«

Da dachte der Vater bei sich: ›Ja, es kann gut sein, wenn er mit ihnen auf einige Zeit fortgeht. Daheim kann er nichts

Nützliches tun, und er kommt wohl zurück in unseren Wald, wenn er grünt.‹

So empfing auch der jüngste Sohn von seinem Vater drei Geldstücke als Zehrpfennig für die Reise.

Nun machten sich die Kätnersöhne auf den Weg und wanderten den ganzen Tag. Gegen Abend kamen sie zu einer Bierschenke, die am Wege lag. Die Wirtsstube war voller Gäste, und da setzten sich die beiden ältesten Brüder nieder, aßen, tranken und spielten unmäßig und belustigten sich. Der Jüngste aber kroch allein in eine Ecke und mied die Gesellschaft der anderen. Als die Brüder ihr Geld verschwendet hatten, berieten sie, wie sie ihr leichtsinniges Treiben fortsetzen könnten. So gingen sie schließlich zu ihrem jüngsten Bruder und verlangten von ihm seine drei Geldstücke, da er ja doch nichts Besseres tun könne, als sich heimzubegeben, je eher, desto besser.

Der Bursche aber wollte nicht. Da hielten die Brüder ihn fest, prügelten ihn, nahmen ihm das Geld ab und jagten ihn aus der Herberge. Hierauf setzten sie sich nieder und aßen und tranken wie vorher. Der arme Knabe aber floh in die dunkle Nacht hinaus und wußte nicht, wohin er sich wenden sollte. Er verirrte sich in der fremden Gegend. Schließlich setzte er sich auf einen Erdhügel und weinte bitterlich, bis er zuletzt vor Müdigkeit einschlief.

Früh am Morgen, ehe die Lerche sang, wachte er auf und setzte die Reise fort. Über Berge und durch tiefe Täler schritt er und fragte nicht nach dem, was er ertragen hatte, entkam er nur seinen Brüdern. Als er lange umhergeirrt war, fand er endlich einen grünen Pfad, der zu einem Hof führte. Der Hof aber war so groß, daß es ihm schien, es könne kein anderer als ein Königshof sein. Der Junge besann sich nicht lange, trat ein und kam in viele schöne Zimmer, eines immer prächtiger als das andere. Kein Mensch begegnete ihm. Als er eine Weile gegangen war, aus einem Saal in den anderen, aus einem Gemach ins andere, kam er in eine Kammer, die noch kostbarer war als alle übrigen. Dort am Ende aber, auf dem Ehrenplatz, saß eine Kröte. Sie war so schwarz wie die schwärzeste Erde und so häßlich, daß der Knabe ihren Anblick kaum ertragen konnte. Die Kröte fragte, wer der Ankömmling sei und was er vorhabe.

Wahrheitsgemäß erwiderte der Knabe:

»Ich bin ein armer Kätnersohn, der sich in die Welt hinausbegeben hat, einen Dienst zu suchen.«

Da sprach die Kröte:

»Hast du nicht Lust, bei mir zu bleiben? Ich brauche jetzt einen braven Diener.«

Der Knabe willigte ein und antwortete, er wolle ihr gern dienen.

»So sei willkommen!« sagte die Kröte. »Wenn du mir treu dienst, soll es dein Glück sein!«

Der Knabe versicherte ihr, an seiner Treue werde es nicht fehlen. Nur solle die Herrin nicht mehr fordern, als er ausrichten könne. Als dies bestimmt war, ging die Kröte mit ihm in den Garten vor dem Haus und kam zu einer Strauchart, die er nie zuvor gesehen hatte. »Deine erste Arbeit sei«, sagte die Kröte, »daß du jeden Tag einen Zweig von diesem Strauch abschneidest, wenn die Sonne am Himmel steht. Tue es am Sonntag und am Montag, am Weihnachtstag und am Johannistag! Entferne aber nie mehr Zweige, sondern stets nur einen einzigen!«

Der Junge versprach, ihrem Wunsch in allem nachzukommen. Sodann führte ihn die Kröte zu einer hohen Kammer im Obergeschoß und sagte: »Hier sollst du wohnen! Auf diesem Tisch findest du immer Speis und Trank. Dieses Bett ist gemacht, wenn du ruhen willst! Und du hast in allem deine volle Freiheit. Erfülle nur treu deine Aufgaben!« So sprach sie und hüpfte ihres Wegs.

Der Junge aber nahm sein Messer, ging in den Garten hinab und schnitt einen Zweig ab. Und so war er frei für den Tag.

Am anderen Morgen machte er es ebenso, gleichfalls am dritten und so alle folgenden Tage, das ganze Jahr hindurch. Es ging ihm gut am Königshof, und er besaß Überfluß in allem, was er sich wünschte. Trotzdem wurde ihm die Zeit lang, denn ein Tag verstrich wie der andere, und nie sah oder hörte er einen Menschen. Als der Knabe am Jahresende den letzten Zweig vom Strauch geschnitten hatte, sprang die Kröte zu ihm, dankte für seine treuen Dienste und fragte, welchen Lohn er haben wolle.

Der Bursche erwiderte, er habe ja wenig Lohnenswertes getan und wolle daher gern mit dem zufrieden sein, was ihm die Herrin gebe. Da antwortete sie:

»Ich weiß wohl, welchen Lohn du am meisten wünschst. Deine Brüder sind ausgezogen, Tücher zu suchen, die sie am Weihnachtsabend über ihres Vaters Tisch breiten sollen. Darum will ich dir ein Tuch schenken, wie es in zwölf Königreichen nicht zu finden ist.«

Sie gab dem Jungen ein Tischtuch, das war weißer als Schnee und so fein, wie es keiner je gesehen hatte. Der Knabe dankte mit höflichen Worten für das Geschenk. Dann nahm er Abschied von ihr und schickte sich an, hurtig zu seinem Vater heimzukehren. Den ganzen Tag hindurch wanderte er. Spätabends aber sah er ein Licht in einem Haus und ging darauf zu.

Es war aber dieselbe Herberge, in der er mit seinen Brüdern gesessen hatte. Und als er herankam, siehe, da saßen die Kätnersöhne bei Schüsseln und Krügen, aßen und tranken und waren lustig. Da wollte er nun nicht länger an ihre Herzlosigkeit denken, sondern ging hin und begrüßte sie herzlich. Dann fragte er, wie es ihnen ergangen sei, seitdem sie einander das letztemal gesehen hatten, und ob es ihnen geglückt sei, das Tuch für den Weihnachtsabend daheim zu erwerben. Die Brüder beteuerten, alles sei wohlbestellt, und nahmen ihr Tuch hervor. Die Tücher aber waren beide alt und zerrissen.

»Wartet, ihr sollt etwas anderes sehen!« rief der Bursche und breitete das Tischtuch der Kröte vor ihnen aus. Sogar die Gäste in der Herberge kamen heran, um das feine Gewebe zu bewundern. Die Brüder aber ergrimmten, weil er solch eine Kostbarkeit besaß. Mit Gewalt entrissen sie ihm das schöne Tuch und gaben ihm dafür ihre alten. Hierauf nahmen sie ihn mit zu ihrem Vater.

Als der Weihnachtsabend kam und die bösen Brüder ihr Tuch auf den Tisch breiteten, konnte der Greis nicht genug ihr Glück preisen. Prahlerisch sprachen die Kätnersöhne von all den großen Dingen, die sie vollbracht hätten. Der Jüngste aber war schweigsam. Ihm hätte der Vater doch nicht geglaubt.

Als die Brüder Weihnachten daheim verbracht hatten, gingen sie wieder zum Vater und wollten erneut fortziehen, um sich zu verheiraten. Der Alte aber antwortete wie früher:

»Es ist nicht gut, daß ihr euch vermählt, bevor ihr in der Welt euer Glück versucht habt! Ich will doch sehen, wer von euch sich den schönsten Trinkbecher verdient und ihn am Weihnachtsabend auf den Tisch setzt!«

Die beiden älteren Brüder waren mit dem Vorschlag zufrieden, und der Vater gab ihnen wieder drei Geldstücke als Zehrpfennig, bis sie einen Dienst gefunden hätten. Da bat auch der jüngste Sohn, mitziehen und sein Glück versuchen zu dürfen. Unwillig sprach der Alte:

»Pah, du kleiner Wicht! Denkst du etwa, jemand will dich in den Dienst nehmen? Bleibe lieber hinterm Ofen, da hast du den rechten Platz!«

Der Junge aber beharrte darauf:

»Vater, laß mich mitgehen! Keiner kann wissen, wie das Glück sich wendet. Vielleicht geht es mir gut in der Welt, wenn ich auch kleiner und schwächer bin als meine Brüder!«

›Ja, es kann gut sein, wenn ich ihn einige Zeit los bin‹, dachte der Vater. ›Er kommt wieder, ehe der Wald in Laub steht.‹

So erhielt der Jüngste von dem Alten auch drei Geldstücke und machte sich mit seinen Brüdern auf die Reise. Gegen Abend kamen sie wieder an die Bierschenke, in der eine große Schar von Wanderern und Gästen versammelt war. Da setzten sich die beiden ältesten nieder, aßen, tranken und spielten und ließen sich's wohl sein. Der jüngste aber kroch in eine Ecke und wollte nicht sein Geld verschwenden. Als die Brüder ihr Geld ausgegeben hatten, beratschlagten sie, wie sie ihr lustiges Leben fortsetzen könnten. Wieder befahlen sie dem Jüngsten, ihnen seine Geldstücke zu geben. Er könne ja doch nichts Besseres tun, als sich nach Hause zu scheren, je eher, desto besser! Der Bursche aber weigerte sich. Da hielten die Brüder ihn fest, raubten ihm das Geld und jagten ihn mit Schlägen hinaus.

Wieder irrte der arme Junge in der Nacht umher, bis er sich auf einen Erdhügel setzte und bitterlich weinte. Am nächsten Morgen wanderte er über Berg und Tal und fand zuletzt den grünen Pfad, der zum Königshof führte. Als der Knabe den Hof wiedererkannte, war er über die Maßen froh, ging keck hinein und trat vor seine alte Herrin, die da auf ihrem Ehrenplatz saß. Freundlich erwiderte die Kröte seinen Gruß und fragte nach seinem Anliegen.

»Ich will dir meinen Dienst anbieten, falls du ihn benötigst«, sprach der Bursche.

»So sei mir willkommen!« rief die Kröte wieder. »Dienst du mir treu, wird dein Lohn nicht gering sein!«

Der Knabe versicherte, er wolle tun, was er vermöge.

Da nahm die Kröte ein Bund Zwirnsfäden hervor, reichte sie ihm und sprach:

»Es ist deine Aufgabe, um jeden Zweig des Strauchs einen Faden zu binden. Winde aber jeden Tag nur einen Faden darum! Und nur wenn die Sonne am Himmel steht! Und tue es Sonntag und Montag und am Weihnachtstag und Johannistag!«

Der Junge versprach, alles genau zu erledigen. Da führte ihn die Kröte zur Kammer im Obergeschoß und sagte:

»Hier kannst du wohnen. Auf diesem Tisch findest du dein Essen. Dieses Bett ist bereit, wenn du schlafen willst. Volle Freiheit hast du in allem. Sei mir nur treu in dem, was dir obliegt!«

Dann hüpfte sie davon. Der Bursche aber ging in den Garten und tat alles so, wie die Kröte es ihm befohlen hatte. Und wieder wurde ihm die Zeit lang, denn die Tage verliefen gleichmäßig. Als nun das Jahr herum war und der Junge den letzten Faden um den letzten Zweig geknüpft hatte, kam die kleine Kröte zurück, dankte für seinen Dienst und fragte, welchen Lohn er sich wünsche.

»Ach, ich tat ja nur, was verlangt war, und bin einverstanden mit allem, was du mir gibst!« sagte der Junge.
»Ich kenne den Lohn, den du am meisten wünschst«, sprach sie. »Deine Brüder sind unterwegs, Trinkbecher zu verdienen, die sie am Weihnachtsabend auf des Vaters Tisch stellen sollen! Hier hast du einen Humpen, desgleichen man nirgendwo findet!«
Mit diesen Worten schenkte sie ihm einen Becher, und er war von bestem Silber und innen und außen vergoldet. Dreißig Meister hatten ihre Stempel darauf gedrückt, und die Arbeit war so kunstvoll, daß man in zwölf Königreichen keine bessere hätte finden können.
Der Junge bedankte sich herzlich und wanderte ohne Unterlaß den ganzen Tag. Spätabends erreichte er die Bierschenke. Nun wäre er gewiß vorbeigegangen, hätte nicht ein dort herabstürzender Wasserfall es ihm verwehrt, einen anderen Weg zu nehmen.
Und sieh da, drinnen saßen die Kätnersöhne vor Schüsseln und Krügen, als sei er gar nicht fort gewesen. Da er sich nun weiter an kein Unrecht erinnern mochte, war er erfreut, seine Brüder zu treffen, ging hin und begrüßte sie herzlich. Auf seine Frage nach ihren Trinkbechern zogen sie sie hervor. Sie waren aber alt, verbeult und von geringem Wert.
»Wartet, ihr sollt etwas anderes sehen!« rief der Junge und holte stolz das Geschenk der Kröte hervor. Es war nicht zu verwundern, daß alle Gäste in der Schenke den Becher für ein seltenes, kostbares Stück hielten. Die beiden Brüder aber ärgerten sich, daß er solch ein Kleinod sein eigen nannte.
»Es schickt sich nicht, daß du solch ein wertvolles Stück hast! Gib uns den Becher, die wir älter und klüger sind als du!« Sie stahlen ihm den schönen Becher und gaben ihm

statt dessen ihre schlechten. Der Junge sah ein, daß er sich mit den Stärkeren nicht messen konnte. So mußte er sich damit zufriedengeben.
Bald waren die Brüder daheim, und man kann sich wohl denken, welche Freude es gab, als der Alte den kostbaren Becher auf dem Weihnachtstisch sah. Wieder brüsteten sich die beiden älteren Söhne mit ihren Heldentaten. Der Jüngste aber war traurig und sprach kaum. Es wäre vergebens gewesen, denn er wurde ja doch nicht gehört.
Nach Weihnachten wollten die Älteren wieder fortziehen, um sich zu vermählen. Der Alte willigte diesmal ein, denn er hielt seine Söhne nun für groß genug.
»Ich will doch sehen, wer die schönste Braut bringt, wenn der Weihnachtsabend kommt!« sprach er.
Diese Worte gefielen ihnen gar wohl, und sie versprachen, ihr Bestes zu tun. Beim Abschied erhielten sie wieder drei Geldstücke.
Als sie sich auf den Weg machen wollten, bat auch der jüngste Sohn wieder um Erlaubnis, seinen Brüdern folgen zu dürfen.
»Ach, du armer Kerl. Glaubst du denn, dich will eine zum Bräutigam haben? Bleibe lieber hier und bestelle den Garten! Das ist dein Platz!« sprach der Alte.
Der Junge ließ sich aber nicht abschrecken.
»Vater, laßt mich gehen! Vielleicht habe ich Glück, wenn ich auch kleiner und schwächer bin als meine Brüder!«
›Er kommt wohl wieder, wenn die Not ihn drängt‹, dachte der Vater und gab ihm die drei Taler Wegzehrung.
Gegen Abend gelangten die drei Söhne wiederum zur Herberge, worin Wanderer und Gäste lustig zechten. Sogleich begannen die beiden älteren wieder ihr flottes Leben; aßen,

tranken und spielten unmäßig, bis sie ihr Geld durchgebracht hatten. Nun beratschlagten sie wieder, wie sie zu Geld kommen konnten. Sie gingen zu ihrem jüngsten Bruder und sagten, er solle ihnen seine drei Taler geben. Er könne ja doch nichts Besseres tun, als sich heimbegeben, je eher, desto lieber. Als er sich weigerte, nahmen die Brüder ihn fest, raubten ihm das Zehrgeld und trieben ihn mit Schlägen aus dem Wirtshaus. Der arme Junge floh in den Wald und irrte lange umher, bis er nicht mehr weiterkonnte. Da setzte er sich wieder auf einen Erdhügel und weinte, bis er schließlich vor Müdigkeit einschlief.

Ehe die Sonne aufging, war er erwacht und nahm seinen Weg über Berg und Tal. Da kam ihm der Gedanke, daß es wohl das beste wäre, wenn er wieder zum Königshof käme, wo es ihm stets so gut ergangen war. Kaum hatte er das gedacht, da lag der Königshof auch schon vor ihm. Voller Freude ging er geradewegs hinein in den Saal, wo seine Herrin saß.

Als die Kröte ihn erblickte, empfing sie ihn freundlich und fragte nach seinem Begehren.

»Meinen Dienst will ich dir anbieten, wenn du ihn brauchst!« rief der Junge.

»So sei mir willkommen! Wenn du mir treu dienst, soll dein Lohn größer sein, als du es dir denken kannst!« sprach sie.

Der Knabe versicherte, er werde es an Treue nicht fehlen lassen. Da erwiderte die Kröte:

»Dein Dienst ist nicht schwer oder mühsam. Trage die Zweige, die du früher abgeschnitten und gebunden hast, herauf und lege sie zu einem Scheiterhaufen zusammen! Du darfst aber nur einen Zweig jeden Tag tragen, wenn die Sonne am

Himmel ist. Und tue es am Dienstag und Donnerstag, am Weihnachtstag und am Johannistag! Und trage nie mehrere Zweige zugleich, sondern bloß einen einzigen! Ist das Jahr herum, mache ein Feuer unterm Reisig und geh auf deine Kammer. Später geh hin und sieh zu, daß alle Zweige verbrennen. Findest du etwas im Feuer, so nimm es heraus und befreie es!«

Der Bursche versprach, alles getreulich zu erfüllen. Da führte sie ihn in seine Kammer, wo er wohnen sollte, und verschwand. Der Bursche aber ging in den Garten hinab, holte einen Zweig, den er früher abgeschnitten und festgebunden hatte, und trug ihn in den Burghof, machte den Scheiterhaufen zurecht und war für heute frei. Den anderen Morgen machte er es ebenso, und gleichfalls am dritten, bis das ganze Jahr um war. Er hatte gute Tage auf dem Königshof und wuchs zu einem schlanken Jüngling heran. Oft aber dachte er daran, daß seine Brüder mit ihren Bräuten heimkämen, er selbst aber keine habe.

Als das Jahr zu Ende war und er den letzten Zweig hinaufgetragen und zu den übrigen gelegt hatte, zündete er ein Feuer unter dem Scheiterhaufen an, ging eine Zeit fort und kam dann zurück, um dafür zu sorgen, daß alle Zweige, große und kleine, zu Asche verbrannten. Als er noch damit beschäftigt war, erhob sich plötzlich mitten im Feuer ein wunderschönes Mädchen. Sie war weißer als Schnee, und ihr Haar war so schön, daß es bis zu den Füßen wie ein Mantel reichte. Da sprang er herzu und rettete sie aus dem Feuer. Sie aber fiel ihm um den Hals und dankte ihm für ihre Befreiung. Sie sei die reichste Königstochter der Welt und von einer bösen Trollalten in eine häßliche Kröte verwandelt worden, sagte sie.

Im selben Augenblick kam Leben in den ganzen Königshof, der sich mit Höflingen, Rittern und vornehmen Damen füllte, die gleichfalls verzaubert gewesen waren. Alle huldigten ihrer Königin und dem tapferen Jüngling, der sie befreit hatte.
Die Königstochter wollte keine Zeit mehr verlieren, ließ die Pferde vor ihre goldene Kutsche spannen und machte sich reisefertig. Den Kätnerssohn ließ sie in Seide und Scharlach kleiden und versah ihn mit Waffen und Rüstungen, wie es sich für einen Königssohn ziemte. So war der arme Junge auf einmal in den schmucksten Ritter verwandelt, der sich je ein Schwert an die Seite gebunden hatte. Als alles zur Reise vorbereitet war, sprach die Prinzessin:
»Ich weiß, daß du an deine Brüder denkst, die unterwegs zu deinem Vater sind, um ihm ihre Bräute zu zeigen. Wir wollen auch zu ihm reisen, damit er sieht, welche Braut du dir verdient hast.«
Dem Burschen war dabei zumute, als sei er aus allen Wolken gefallen, doch es gab keine Zeit, sich lange zu besinnen. Er stieg sogleich in die goldene Kutsche und fuhr los, um den alten Kätner in seiner Hütte zu begrüßen.
Nach einiger Zeit kamen sie auch an die Bierschenke, die am Wege lag. Da verspürte der Bursche große Lust zu erfahren, ob seine Brüder nach alter Gewohnheit drinnen saßen und zechten. Er ließ halten und trat in die Herberge. Kaum hatte er die Tür geöffnet, erblickte er sie, wie sie vor Schüsseln und Krügen saßen, aßen und tranken und sich's wohl sein ließen. Sie hatten auch ihre Bräute dabei. Und wie sie beschaffen waren, kann man wohl erraten. Sie waren mager und schmächtig wie dürre Zweige, weiß im Gesicht wie getünchte Wände, häßlich wie mißratene Ferkel und gelb um

den Mund wie junge Schwalben. Als der Junge das gesehen hatte, ging er fort, ohne daß ihn jemand wiedererkannte. Er stieg zu seiner Braut in den Wagen und setzte den Weg mit seinem ganzen Gefolge fort. Die Gäste aber wunderten sich sehr über den schönen Königssohn, der eben vorbeigefahren war!

Der Jüngling und seine schöne Braut langten erst spät am Weihnachtsabend in der Hütte des Kätners an. Sie gingen hinein und baten um ein Nachtlager. Der Kätner antwortete der Wahrheit gemäß, daß er seine drei Söhne mit ihren Bräuten erwarte. Überdies passe seine ärmliche Hütte nicht als Herberge für so vornehme Leute. Die Prinzessin aber sagte, so wie es sei, solle sie es haben, und da mußte er einwilligen.

Sie ließ nun ein stattliches Weihnachtsfest vorbereiten und schickte ihre Diener in der Gegend herum, um Gäste einzuladen. Als das Mahl bereit war, erschienen auch die ältesten Kätnerssöhne mit ihren Bräuten, und man wird sich wohl nicht wundern, daß der Vater nicht sehr froh war über den Anblick seiner Schwiegertöchter. Als sie nun bei Tisch saßen, fragte die Königstochter, von wem der Alte ein so feines Tuch und einen so schönen Becher habe.

»Ei«, sagte der, »das haben meine ältesten Söhne als Lohn für ihre Dienste erhalten.«

»Nein!« rief die Prinzessin. »Deine ältesten Söhne haben nirgendwo gedient, weder der eine noch der andere! Willst du aber die Wahrheit wissen, so vernimm, daß es dein jüngster Sohn gewesen ist! Und hier siehst du ein gleiches Tuch und einen gleichen Becher!«

In diesem Augenblick stand der Jüngling auf, fiel seinem alten Vater um den Hals, und alle konnten sehen, daß der

fremde Prinz kein anderer als der jüngste Sohn des Kätners war, den seine Brüder stets so geringgeschätzt hatten.
Als der Vater seinen Sohn erkannt und alles erfahren hatte, wollte er kaum seinen eigenen Augen trauen. Die beiden anderen Kätnerssöhne aber standen mit Schimpf und Schande vor ihrem Vater und vor allen Hochzeitsgästen. Und ihre Lügen und ihre Falschheit wurden bekannt in der ganzen Gegend.
Der Jüngling und die schöne Prinzessin ließen nun ihre Hochzeit ausrichten und feierten mit großer Lustbarkeit. Und es war ein Hochzeitsmahl, wie es keiner je gesehen hatte. Als Weihnachten vorbei war, zogen Braut und Bräutigam heim in ihr Land und nahmen den alten Kätner mit. Und der Jüngling herrschte als König über das ganze Reich und lebte in Liebe und Glück mit seiner schönen Königin.
Und wenn sie nicht gestorben sind, so wohnen sie dort noch bis auf den heutigen Tag.

DIE GESCHICHTE VOM WEISSEN SCHAF
Ein Märchen aus Schottland

Es war einmal ein Pächter, der hatte ein weißes Schaf, und als Weihnachten heranrückte, dachte er, er wolle es schlachten. Das weiße Schaf hörte das und dachte, es wolle weglaufen, und genau das tat es.

Es war noch nicht weit gekommen, als es einen Stier traf. Sagte der Stier zu ihm: »Sei gegrüßt, weißes Schaf! Wohin gehst du?«

»Ich gehe mein Glück suchen«, sagte das weiße Schaf; »sie wollten mich zu Weihnachten schlachten, und da bin ich lieber weggelaufen.«

»Für mich ist's besser, ich gehe mit«, sagte der Stier, »denn sie wollten mit mir dasselbe machen.«

»Mir ist's recht«, sagte das weiße Schaf, »je größer die Gesellschaft, desto mehr Spaß.«

Sie marschierten weiter, bis sie einen Hund trafen.

»Sei gegrüßt, weißes Schaf«, sagte der Hund.

»Sei gegrüßt, Hund.«

»Wohin wollt ihr?« fragte der Hund.

»Ich laufe weg, weil ich gehört habe, daß sie mich zu Weihnachten schlachten wollen.«

»Das wollten sie mit mir auch machen«, sagte der Hund, »ich will mit euch ziehen.«

»Nur immer zu«, sagte das weiße Schaf.

Sie gingen weiter, bis sich eine Katze zu ihnen gesellte. »Sei gegrüßt, weißes Schaf!« sagte die Katze.

»Sei gegrüßt, o Katze.«

»Wo wollt ihr hin?« fragte die Katze.

»Ich geh mein Glück suchen«, sagte das weiße Schaf, »weil sie mich zu Weihnachten schlachten wollten.«
»Sie haben davon gesprochen, daß sie mich auch umbringen wollen«, sagte die Katze, »da will ich lieber mitkommen.«
»Immer los!« sagte das weiße Schaf.
Sie marschierten voran, bis sie einem Hahn begegneten.
»Sei gegrüßt, weißes Schaf!« sagte der Hahn.
»Sei selber gegrüßt, o Hahn!« sagte das weiße Schaf.
»Wohin wollt ihr?« sagte der Hahn.
»Ich«, sagte das weiße Schaf, »gehe fort, weil sie mir angedroht haben, daß ich zu Weihnachten sterben soll.«
»Da wollen sie mich auch umbringen«, sagte der Hahn. »Ich komme mit.«
»Nur zu!« sagte das weiße Schaf.
Sie marschierten voran, bis sie eine Gans trafen.
»Sei gegrüßt, weißes Schaf!« sagte die Gans.
»Sei selber gegrüßt, o Gans!« sagte das weiße Schaf.
»Wohin wollt ihr?« fragte die Gans.
»Ich«, sagte das weiße Schaf, »laufe weg, weil sie mich zu Weihnachten schlachten wollen.«
»Das wollen sie mit mir auch machen«, sagte die Gans, »ich komme mit.«
Die Gesellschaft marschierte weiter, bis die Nacht anbrach, da sahen sie in der Ferne ein kleines Licht, und obwohl es weit weg war, brauchten sie nicht lange, und sie waren dort. Als sie das Haus erreichten, einigten sie sich, daß sie durchs Fenster spähen wollten, wer drinnen sei, und sie erblickten Diebe, die Geld zählten; und das weiße Schaf sagte: »Jetzt wollen wir jeder seinen eigenen Schrei ausstoßen. Ich werde blöken, der Stier soll brüllen, der Hund soll bellen, die Katze

soll miauen und der Hahn krähen und die Gans schnattern.« Damit legten sie los – was war das für ein Lärm! Als die Diebe das Gebrüll draußen hörten, dachten sie, der Teufel sei da. Sie stürzten hinaus und dort in den nahen Wald. Als das weiße Schaf und die Seinen sahen, daß das Haus leer war, gingen sie hinein und nahmen sich das Geld, das die Diebe eben gezählt hatten, und teilten es unter sich auf; und dann dachten sie, nun wollten sie sich zum Schlafen niederlassen.

Sagte das weiße Schaf:

»Wo willst du heut nacht schlafen, o Stier?«

»Hinter der Tür«, sagte der Stier, »wie ich's gewohnt bin! Und wo schläfst du, weißes Schaf?«

»Mitten auf dem Fußboden, wie ich's gewohnt bin. – Wo willst du schlafen, o Hund?« fragte das weiße Schaf.

»Neben dem Feuer, wie ich's gewohnt bin!« sagte der Hund.

»Wo willst du schlafen, o Katze?«

»Ich«, sagte die Katze, »lege mich in die Kerzenpresse, da bin ich gern.«

»Wo schläfst du, o Hahn?« sagte das weiße Schaf.

»Ich«, sagte der Hahn, »setz mich auf einen Dachbalken, wie ich's gewohnt bin.«

»Wo willst du schlafen, o Gans?«

»Ich«, sagte die Gans, »schlafe auf dem Misthaufen, wie ich's gewohnt bin.«

Sie hatten sich noch nicht lange zur Ruhe begeben, da kam einer der Diebe zurück; er wollte versuchen festzustellen, ob jemand im Haus war. Alles war still, und er ging weiter bis zur Kerzenpresse, um sich eine Kerze zu holen, die wollte er anzünden, damit er Licht bekam. Aber als er die Hand in den Kasten steckte, hieb ihm die Katze ihre Krallen hinein.

Trotzdem erwischte er eine Kerze und suchte die anzuzünden. Da sprang der Hund auf, steckte den Schwanz in einen Topf Wasser, der neben dem Feuer stand, schüttelte ihn und löschte die Kerze aus. Nun glaubte der Dieb, der Teufel sei im Haus, und floh; aber als er am weißen Schaf vorüberlief, gab das ihm einen Schlag; bevor er am Stier vorbeikam, versetzte ihm der einen Tritt; und der Hahn begann zu krähen; und als er hinaussprang, schlug ihm die Gans ihre Flügel um die Waden.

Er rannte in den Wald zu seinen Kameraden so schnell, wie ihn die Beine trugen. Sie fragten ihn, wie es ihm ergangen sei.

»Ach, so leidlich«, sagte er. »Als ich zur Kerzenpresse ging, war darin ein Mann, der hackte mir zehn Messer in die Hand; und als ich an den Herd ging, um die Kerze anzubrennen, lag da ein großer, schwarzer Mann, der spritzte Wasser darüber, um sie zu verlöschen; und als ich rauswollte, lag da mitten auf dem Fußboden ein großer Mann, der versetzte mir einen Knuff; und ein anderer Mann hinter der Tür stieß mich raus; und auf dem Boden war eine kleine Range, die schrie: Schick ihn mihihir! Dann ist's mit ihm aus! Und draußen auf dem Misthaufen saß ein Schuhmacher, der schlug mir seine Schürze um die Beine.«

Als die Diebe das vernahmen, kehrten sie nicht zurück, um ihr vieles Geld zu suchen; und das weiße Schaf und seine Kameraden behielten es für sich; und sie hatten ihren Frieden, solange sie lebten.

DER WEG INS HIMMELREICH

DER WEG INS HIMMELREICH
Ein Märchen aus Dänemark

Es lebten einmal zwei Männer, die sehr gute Freunde waren und die einander versprochen hatten, sich am Heiligen Abend zu treffen, ganz gleich, ob sie dann noch lebten oder schon gestorben waren. Inzwischen war wirklich der eine gestorben, und da es auf Weihnachten zuging, mußte der andere jeden Tag daran denken, wie es wohl sein würde, wenn der tote Mann am Heiligen Abend käme. Schließlich entschloß er sich, zum Pastor zu gehen, um von ihm einen guten Rat zu bekommen, wie er sich verhalten sollte. Der Pastor hörte sich alles an und sagte dann, er solle zu Hause alle Türen verschließen, aber in sein Tor ein Loch bohren, so groß, daß er da hindurchsehen könne, wenn der Tote kommt. Und wenn der in Schwarz gekleidet sei, solle er nicht aufmachen, sei er aber in Weiß gekleidet, dann dürfe er ihn gern hereinlassen.

Als nun der Heilige Abend kam und die Uhr sieben schlug, hörte der Mann, wie es am Tor klopfte. Er ging zum Loch am Tor, schaute durch und sah, daß es sein verstorbener Freund war, der ihn, wie versprochen, besuchen wollte, und er sah auch, daß er ganz in Weiß gekleidet war. Da ließ er ihn herein, und der Tote sagte: »Guten Tag, Bruder, kannst du jetzt sehen, daß ich gekommen bin, wie ich es versprochen habe?« Darauf gingen sie zusammen hinein und setzten sich an den Tisch. Aber wenn es auch so aussah, als würde der tote Mann essen, so verschwand das Essen doch nicht. Als nun Mitternacht gekommen war, sagte der Tote:

Der schwarze Hahn, er hat gekräht,
das Himmelstor jetzt offen steht.
Der rote Hahn, er hat gekräht,
zur Ruhe jeder Tote geht.

Und er sagte weiter, daß er jetzt wieder gehen müsse, da er nicht wage, noch länger zu bleiben. Und er bat seinen Freund, ihn doch auf seinem Wege zu begleiten. Als sie nun zum Grab kamen, öffnete es sich, der Tote stieg hinein, und der Lebende folgte ihm.

Sie kamen gleich darauf zu zwei Wegen. Der eine war schmal und grün, der andere breit und sandig. Da fragte der Tote den Lebenden, welchen der beiden Wege er nehmen würde, und bekam die Antwort: den breiten. Aber der Tote sagte, das wäre eine ganz falsche Antwort; denn der breite Weg führe direkt in die Hölle. Er solle ihn lieber auf dem schmalen, grünen Steg begleiten. Also gingen sie beide auf dem schmalen Steg weiter und kamen bald an ein großes Gewässer. Und da sah der lebende Mann, daß da so viele weiße Vögel hinüberflogen. Der Tote fragte ihn, was das nach seiner Meinung wäre. Der Mann meinte, daß das wohl wilde Vögel seien. Aber der Tote sagte, das wäre eine ganz falsche Antwort; denn das seien die Kinder, die zu ihren Lebzeiten nicht getauft wurden und deshalb keine Christen geworden sind. Deshalb müßten sie nun so über das Wasser fliegen.

Sie gingen nun weiter und kamen zu zwei Kühen, die sehr mager waren, obwohl sie mitten im fettesten Gras standen. Da fragte der Tote seinen Freund, was er wohl dazu meine, daß die so gutes Gras hätten und trotzdem so schrecklich mager wären. Der Lebende meinte, daß das wohl an ihrer schlechten Natur liegen müsse. »Nein«, sagte der Tote, »das ist wieder eine falsche Antwort; denn das sind zwei Eheleute, die in der Welt zu ihren Lebzeiten sehr wohlhabend waren, aber nur schlecht zusammenleben konnten, und deshalb stehen sie nun so da.« Ein Stück weiter kamen sie zu zwei anderen Kühen, die sehr fett und gesund aussahen, obwohl sie in sehr schlechtem Gras standen. Da fragte der Tote seinen Begleiter, was er wohl glaube, daß die so fett seien, obwohl sie so schlechtes Gras hätten. Der Lebende meinte, daß das doch wohl von ihrer guten Natur komme. »Nein«, sagte der Tote, »das ist wieder eine falsche Antwort; denn das sind Eheleute, die in der Welt in großer Armut gelebt haben, dafür aber in großer Liebe und Eintracht, und deshalb gehe es ihnen nun so.« Nachdem sie noch ein gutes Stück des Weges zurücklassen mußten, kamen sie schließlich an die Pforte des Himmelreichs. Der Tote sagte da, nun könne er den Freund nicht länger mitnehmen. Aber er bat ihn, nur ein wenig auf ihn zu warten, dann würde er bald wieder bei ihm sein. Der Lebende wartete also, und die Zeit floß gut für ihn hin. Er dachte, er hätte wohl so um die zwei Stunden gewartet, als sein verstorbener Freund wieder herauskam und ihn fragte, was er wohl meine, wie lange er auf ihn gewartet habe. Der Lebende meinte, daß das wohl ein paar Stunden gewesen sein mochten. »Nein«, sagte der Tote, »du bist jetzt zweihundert Jahre hier gewesen, so daß du dir wohl denken kannst, daß es schön sein muß, hier zu sein. Aber du kannst hier nicht hineinkommen, bevor du nicht zurück in die Stadt gehst, aus der du gekommen bist und dort vom Pastor vorbereitet wirst.« Der Mann beeilte sich nun, um schnell zurückzukommen, wurde vorbereitet und kam so auf demselben Weg zurück zum Himmelreich.

HANS CHRISTIAN ANDERSEN
Das kleine Mädchen mit den Schwefelhölzern

Es war so schrecklich kalt; es schneite, und es fing schon an, ganz dunkel zu werden; es war auch der letzte Abend im Jahr, der Silvesterabend. In dieser Kälte und in dieser Dunkelheit ging ein armes kleines Mädchen barhäuptig und mit bloßen Füßen auf der Straße; sie hatte ja freilich Pantoffel angehabt, als sie von Hause wegging, aber was konnte das nützen! Es waren sehr große Pantoffel, die Mutter hatte sie zuletzt benutzt, so groß waren sie, und die verlor die Kleine, als sie über die Straße eilte, weil zwei Wagen so furchtbar schnell vorüberrollten; der eine Pantoffel war nicht wiederzufinden, und mit dem andern lief ein Junge weg, er sagte, er könnte ihn als Wiege gebrauchen, wenn er selbst Kinder bekäme.

Da ging nun das kleine Mädchen auf den bloßen, kleinen Füßen, die rot und blau vor Kälte waren; in einer alten Schürze trug sie eine Menge Schwefelhölzer, und ein Bund hielt sie in der Hand; den ganzen langen Tag hatte ihr niemand etwas abgekauft! Niemand hatte ihr auch nur einen Schilling geschenkt! Hungrig und erfroren ging sie umher und sah so eingeschüchtert aus, die arme Kleine! Die Schneeflocken fielen in ihr langes, blondes Haar, das sich im Nacken so hübsch lockte, aber daran dachte sie freilich nicht. Aus allen Fenstern strahlte der Lichterglanz, und dann roch es auf der Straße so herrlich nach Gänsebraten; es war ja Silvesterabend, ja daran dachte sie.

In einem Winkel zwischen zwei Häusern, von denen das eine ein wenig mehr vorsprang als das andere, setzte sie sich

hin und kauerte sich ganz zusammen; die kleinen Beine hatte sie unter sich in die Höhe gezogen, aber es fror sie nur noch mehr, und nach Hause zu gehen, wagte sie nicht, sie hatte ja keine Schwefelhölzer verkauft, hatte nicht einen einzigen Schilling bekommen, ihr Vater würde sie schlagen, und kalt war es zu Hause auch, sie hatten nur das Dach gerade über sich, und dadurch pfiff der Wind hinein, obwohl die ärgsten Spalten mit Stroh und Lumpen zugestopft waren.
Ihre kleinen Hände waren fast ganz abgestorben vor Kälte. Ach, ein kleines Streichhölzchen würde guttun! Wenn sie nur den Mut hätte, ein einziges aus dem Bunde herauszuziehen, es an der Wand anzustreichen und die Finger daran zu erwärmen! Ratsch! Wie es sprühte, wie es brannte! Es war eine warme, helle Flamme, ganz wie ein kleines Licht, als sie die Hände darüberhielt; es war ein wunderliches Licht, dem kleinen Mädchen war es, als säße es vor einem großen eisernen Ofen mit blanken Messingkugeln und Messingtrommeln; das Feuer brannte so herrlich und wärmte so gut; nein, was war denn das? – Die Kleine streckte schon die Füße aus, um auch die zu wärmen – da erlosch die Flamme. Der Ofen verschwand, sie saß mit einem kleinen Überrest des abgebrannten Schwefelholzes in der Hand da.
Ein zweites wurde angestrichen, es brannte, es leuchtete, und wo der Schein auf die Mauer fiel, ward sie durchsichtig wie Flor; sie sah gerade in das Zimmer hinein, wo der Tisch gedeckt stand. Ein schimmernd weißes Tischtuch war darüber ausgebreitet, darauf stand feines Porzellan, und herrlich dampfte die gebratene Gans, die mit Äpfeln und Zwetschgen gefüllt war; und was noch prächtiger war, die Gans sprang von der Schüssel herunter und watschelte, ein Messer und eine Gabel im Rücken, durch das Zimmer; di-

rekt auf das arme Mädchen kam sie zu; da erlosch das Streichholz, und es war nur noch die dicke, kalte Mauer zu sehen.
Sie zündete ein neues Streichholz an. Da saß sie unter dem schönsten Christbaum, der war noch größer und noch reicher geschmückt, als wie sie ihn am letzten Weihnachtsfeste bei dem reichen Kaufmann durch die Glastür gesehen hatte; tausend Lichter brannten an den grünen Zweigen, und bunte Bilder, wie sie in den Schaufenstern ausgestellt waren, sahen zu ihr herab. Die Kleine streckte beide Hände aus – da erlosch das Streichholz; die vielen Weihnachtslichter stiegen höher und höher, sie sah, daß sie jetzt die hellen Sterne am Himmel waren, ein Stern fiel nieder und bildete einen langen Feuerstreifen am Himmel.
»Jetzt stirbt jemand!« sagte das kleine Mädchen, denn die alte Großmutter, die einzige, die gut gegen sie gewesen, die jetzt aber gestorben war, hatte ihr erzählt: Wenn ein Stern vom Himmel fällt, fliegt eine Seele zu Gott empor.
Sie strich nochmals ein Hölzchen an der Wand an, es leuchtete ringsumher, und in dem Glanze stand die alte Großmutter so klar und schimmernd, so mild und liebevoll.
»Großmutter«, rief die Kleine, »ach, nimm mich mit! Ich weiß, du bist wieder weg, sobald das Streichholz erlischt, weg wie der warme Ofen, der schöne Gänsebraten und der große, schöne Weihnachtsbaum!« – und schnell strich sie den ganzen Rest Streichhölzer an, die noch im Bund waren, sie wollte Großmutter so recht lange festhalten, und die Streichhölzer leuchteten mit einem solchen Glanz, daß es heller war als am hellen Tage. Die Großmutter war noch nie so schön und so groß gewesen. Sie nahm das kleine Mädchen auf ihre Arme, und sie flogen in Glanz und Freude so hoch,

so hoch, und da oben war weder Kälte noch Hunger oder Angst – sie waren bei Gott.
Aber im Winkel am Hause saß in der kalten Morgenstunde das kleine Mädchen mit roten Wangen und mit einem Lächeln um den Mund – tot, erfroren am letzten Abend im alten Jahr. Die Neujahrssonne ging über der kleinen Leiche auf, sie saß mit den Streichhölzern da, von denen ein Bund fast abgebrannt war. »Sie hat sich erwärmen wollen«, sagte man; niemand wußte, was sie Schönes gesehen hatte, in welchen Glanz sie mit der Großmutter zur Neujahrsfreude eingegangen war.

DER WEIHNACHTSBAUM

MANFRED KYBER

Der kleine Tannenbaum

Es war einmal ein kleiner Tannenbaum im tiefen Tannenwalde, der wollte so gerne ein Weihnachtsbaum sein. Aber das ist gar nicht so leicht, als man das meistens in der Tannengesellschaft annimmt, denn der heilige Nikolaus ist in der Beziehung sehr streng und erlaubt nur den Tannen als Weihnachtsbaum in Dorf und Stadt zu spazieren, die dafür ganz ordnungsmäßig in seinem Buch aufgeschrieben sind. Das Buch ist ganz schrecklich groß und dick, so wie sich das für einen guten alten Heiligen geziemt, und damit geht er im Walde herum in den klaren kalten Winternächten und sagt es allen den Tannen, die zum Weihnachtsfeste bestimmt sind. Und dann erschauern die Tannen, die zur Weihnacht erwählt sind, vor Freude und neigen sich dankend, und dazu leuchtet des Heiligen Heiligenschein, und das ist sehr schön und sehr feierlich.

Und der kleine Tannenbaum im tiefen Tannenwalde, der wollte so gerne ein Weihnachtsbaum sein.

Aber manches Jahr schon ist der heilige Nikolaus in den klaren kalten Winternächten an dem kleinen Tannenbaum vorbeigegangen und hat wohl ernst und geschäftig in sein erschrecklich großes Buch geguckt, aber auch nichts und gar nichts dazu gesagt. Der arme kleine Tannenbaum war eben nicht ordnungsmäßig vermerkt – und da ist er sehr, sehr traurig geworden und hat ganz schrecklich geweint, so daß es ordentlich tropfte von allen Zweigen.

Wenn jemand so weint, daß es tropft, so hört man das natürlich, und diesmal hörte das ein kleiner Wicht, der ein grünes Moosröcklein trug, einen grauen Bart und eine feuerrote Nase hatte und in einem dunklen Erdloch wohnte. Das Männchen aß Haselnüsse, am liebsten hohle, und las Bücher, am liebsten dicke, und war ein ganz boshaftes kleines Geschöpf. Aber den Tannenbaum mochte es gerne leiden, weil es oft von ihm ein paar grüne Nadeln geschenkt bekam für sein gläsernes Pfeifchen, aus dem es immer blaue ringelnde Rauchwolken in die goldene Sonne blies – und darum ist der Wicht auch gleich herausgekommen, als er den Tannenbaum so jämmerlich weinen hörte, und hat gefragt: »Warum weinst du denn so erschrecklich, daß es tropft?«

Da hörte der kleine Tannenbaum etwas auf zu tropfen und erzählte dem Männchen sein Herzeleid. Der Wicht wurde ganz ernst, und seine glühende Nase glühte so sehr, daß man befürchten konnte, das Moosröcklein finge Feuer, aber es war ja nur die Begeisterung, und das ist nicht gefährlich. Der Wichtelmann war also begeistert davon, daß der kleine Tannenbaum im tiefen Tannenwalde so gerne ein Weihnachtsbaum sein wollte, und sagte bedächtig, indem er sich aufrichtete und ein paarmal bedeutsam schluckte:

»Mein lieber kleiner Tannenbaum, es ist zwar unmöglich, dir zu helfen, aber ich bin eben ich, und mir ist es vielleicht doch nicht unmöglich, dir zu helfen. Ich bin nämlich mit einigen Wachslichtern, darunter mit einem ganz bunten, befreundet, und die will ich bitten, zu dir zu kommen. Auch kenne ich ein großes Pfefferkuchenherz, das allerdings nur flüchtig – aber jedenfalls will ich sehen, was sich machen läßt. Vor allem aber weine nicht mehr so erschrecklich, daß es tropft.«

Damit nahm der kleine Wicht einen Eiszapfen in die Hand

als Spazierstock und wanderte los durch den tiefen weißverschneiten Wald, der fernen Stadt zu.
Es dauerte sehr, sehr lange, und am Himmel schauten schon die ersten Sterne der heiligen Nacht durchs winterliche Dämmergrau auf die Erde hinab, und der kleine Tannenbaum war schon wieder ganz traurig geworden und dachte, daß er nun doch wieder kein Weihnachtsbaum sein würde. Aber da kam's auch schon ganz eilig und aufgeregt durch den Schnee gestapft, eine ganze kleine Gesellschaft: der Wicht mit dem Eiszapfen in der Hand und hinter ihm sieben Lichtlein – und auch eine Zündholzschachtel war dabei, auf der sogar was draufgedruckt war und die so kurze Beinchen hatte, daß sie nur mühsam durch den Schnee wackeln konnte.
Wie sie nun alle vor dem kleinen Tannenbaum standen, da räusperte sich der kleine Wicht im Moosröcklein vernehmlich, schluckte ein paarmal gar bedeutsam und sagte:
»Ich bin eben ich – und darum sind auch alle meine Bekannten mitgekommen. Es sind sieben Lichtlein aus allervornehmstem Wachs, darunter sogar ein buntes, und auch die Zündholzschachtel ist aus einer ganz besonders guten Familie, denn sie zündet nur an der braunen Reibfläche. Und jetzt wirst du also ein Weihnachtsbaum werden. Was aber das große Pfefferkuchenherz betrifft, das ich nur flüchtig kenne, so hat es auch versprochen zu kommen, es wollte sich nur noch ein Paar warme Filzschuhe kaufen, weil es gar so kalt ist draußen im Walde. Eine Bedingung hat es freilich gemacht: Es muß gegessen werden, denn das müssen alle Pfefferkuchenherzen, das ist nun mal so. Ich habe schon einen Dachs benachrichtigt, den ich sehr gut kenne und dem ich einmal in einer Familienangelegenheit einen guten Rat

gegeben habe. Er liegt jetzt im Winterschlaf, doch versprach er, als ich ihn weckte, das Pfefferkuchenherz zu speisen. Hoffentlich verschläft er's nicht!«

Als das Männchen das alles gesagt hatte, räusperte es sich wieder vernehmlich und schluckte ein paarmal gar bedeutsam, und dann verschwand es im Erdloch. Die Lichtlein aber sprangen auf den kleinen Tannenbaum hinauf, und die Zündholzschachtel, die aus so guter Familie war, zog sich ein Zündholz nach dem anderen aus dem Magen, strich es an der braunen Reibfläche und steckte alle die Lichtlein der Reihe nach an. Und wie die Lichtlein brannten und leuchteten im tiefverschneiten Walde, da ist auch noch keuchend und atemlos vom eiligen Laufen das Pfefferkuchenherz angekommen und hängte sich sehr freundlich und verbindlich mitten in den grünen Tannenbaum, trotzdem es nun doch die warmen Filzschuhe unterwegs verloren hatte und arg erkältet war. Der kleine Tannenbaum aber, der so gerne ein Weihnachtsbaum sein wollte, der wußte gar nicht, wie ihm geschah, daß er nun doch ein Weihnachtsbaum war.

Am anderen Morgen aber ist der Dachs aus seiner Höhle gekrochen, um sich das Pfefferkuchenherz zu holen. Und wie er ankam, da hatten es die kleinen Englein schon gegessen, die ja in der heiligen Nacht auf die Erde dürfen und die so gerne die Pfefferkuchenherzen speisen. Da ist der Dachs sehr böse geworden und hat sich bitter beklagt und ganz furchtbar auf den kleinen Tannenbaum geschimpft.

Dem aber war das ganz einerlei, denn wer einmal in seinem Leben seine heilige Weihnacht gefeiert hat, den stört auch der frechste Frechdachs nicht mehr.

RICHARD HUGHES
Der Weihnachtsbaum

Es war Heiligabend, und der Weihnachtsbaum stand fertig geschmückt für die Feiertage da. Aber kaum waren alle zu Bett gegangen, als die Spielsachen, die am Baum hingen, miteinander zu reden und zu tuscheln begannen.

»Es wäre doch ein rechter Spaß«, sagten sie, »wenn wir alle heruntersteigen und uns verstecken würden.«

Sie kletterten also alle vom Baum herunter und ließen ihn ganz kahl zurück und versteckten sich – einige hinter den Schränken, und einige hinter den Heizröhren, und einige hinter den Büchern auf den Regalen im Wohnzimmer und wo es ihnen sonst noch einfiel. Am ersten Feiertag kamen die Kinder herunter und wünschten einander fröhliche Weihnachten: Aber als sie ihren entzückenden Baum ganz kahl dastehen sahen mit nicht einmal einem einzigen Knallbonbon mehr daran, da weinten und weinten sie heiße Tränen.

Als sie die Kinder weinen hörten, schämten sich die Spielsachen gehörig wegen des unartigen Streichs, den sie ihnen gespielt hatten: Trotzdem aber mochten sie nicht recht aus ihren Verstecken hervorkommen, während jemand herumstand. Sie warteten also, bis alle in die Kirche gegangen waren, und dann schlüpften sie hervor.

»Ich weiß!« sagte die Arche Noah und sprach mit all ihren Stimmen zugleich, »ich hab' eine Idee!«

Sie führte also die andern Spielsachen zum Haus hinaus und in die Stadt, und da trennten sie sich und suchten sich ihren Weg durch die Hintertür in jeden Spielzeugladen und in jeden Süßigkeitsladen. Einmal drinnen, luden sie alle Spielsachen und alle Süßigkeiten zu einer großen Gesellschaft ein, die sie gäben, und führten sie zurück zum Haus. »Hier ist es, wo wir unsere Gesellschaft geben«, sagten sie und zeigten auf den Weihnachtsbaum. So kletterten denn alle die neuen Spielsachen zu den Zweigen des Baums hinauf und hingen sich dran. Es war wahrhaftig kaum genug Platz für sie alle, denn es waren nun zehnmal soviel da als vorher.

Die ganze Zeit in der Kirche hatten die Kinder still hinter ihren Gesangbüchern in sich hinein geweint und waren noch immer ziemlich traurig, als sie nach Haus kamen; aber als sie ihren Weihnachtsbaum erblickten mit zehnmal soviel Geschenken daran, als vorher dagewesen waren, und mit zehnmal soviel Kerzen, die einander lieblich anstrahlten, da lachten sie und klatschten in die Hände und jauchzten vor Freude und sagten, in ihrem ganzen Leben hätten sie noch niemals einen so bezaubernden Weihnachtsbaum gesehen!

HANS CHRISTIAN ANDERSEN

Der Tannenbaum

Draußen im Walde stand so ein niedlicher, kleiner Tannenbaum; er hatte einen guten Platz, Sonne konnte er bekommen, Luft war genug da, und ringsumher wuchsen viele größere Kameraden, Tannen und auch Fichten; aber der kleine Tannenbaum war nur darauf erpicht zu wachsen; er dachte nicht an die warme Sonne und an die frische Luft, er machte sich nichts aus den Bauernkindern, die um ihn herumliefen und plauderten, wenn sie da draußen waren, um Erdbeeren oder Himbeeren zu sammeln; oft kamen sie mit einem ganzen Topf voll, oder sie hatten Erdbeeren auf einem Strohhalm gereiht, und dann setzten sie sich neben den kleinen Baum und sagten: »Nein, wie reizend klein der ist!« Das mochte der Baum gar nicht hören.

Im nächsten Jahr war er ein ganzes Ende größer, und im Jahr darauf war er noch viel größer, denn bei einem Tannenbaum kann man immer an den vielen Ansätzen, die er hat, sehen, wieviel Jahre er gewachsen ist.

»Ach, wäre ich doch solch großer Baum wie die andern!« seufzte der kleine Baum, »dann könnte ich meine Zweige weit um mich ausbreiten und mit der Spitze in die weite Welt hinaussehen! Die Vögel würden Nester zwischen meinen Zweigen bauen, und wenn es wehte, könnte ich so vornehm nicken, geradeso wie die andern da!«

Er hatte gar keine Freude an dem Sonnenschein, an den Vögeln oder an den roten Wolken, die des Morgens und des Abends über ihn hinsegelten.

Wenn es Winter war und der Schnee ringsumher schimmernd

weiß lag, dann kam oft ein Hase gesprungen und setzte gerade über den kleinen Baum hinweg – oh, das war so ärgerlich! – Aber zwei Winter vergingen, und im dritten war der Baum so groß, daß der Hase um ihn herumlaufen mußte. »Ach, wachsen, wachsen, groß und alt werden, das ist doch das einzig Schöne in dieser Welt«, dachte der Baum.
Im Herbst kamen immer Holzhauer und fällten einige von den größten Bäumen, das geschah jedes Jahr, und der junge Tannenbaum, der jetzt schon ganz hübsch groß war, erschauerte, denn die großen, prächtigen Bäume fielen mit einem Krachen und Knacken zu Boden; ihre Zweige wurden abgehauen, sie sahen ganz nackt, lang und schmal aus; sie waren beinahe nicht wiederzuerkennen, aber dann wurden sie auf Wagen geladen, und Pferde zogen sie fort, aus dem Wald hinaus.
Wo sollten sie hin? Was stand ihnen bevor?
Im Frühling, als die Schwalbe und der Storch kamen, fragte der Baum sie. »Wißt ihr, wo sie hingebracht worden sind? Seid ihr ihnen begegnet?«
Die Schwalbe wußte nichts, aber der Storch sah nachdenklich aus, nickte mit dem Kopf und sagte: »Ja, ich glaube, ich weiß es! Ich begegnete vielen neuen Schiffen, als ich von Ägypten geflogen kam; auf den Schiffen waren prächtige Mastbäume; ich möchte sagen, daß sie es waren, sie rochen nach Tannen; ich kann vielmals grüßen, sie ragen so stolz, so stolz empor!«
»Ach, wäre ich doch auch groß genug, um über das Meer hinzufliegen! Wie ist es eigentlich, dies Meer, und wie sieht es aus?«
»Ja, das ist so umständlich zu erklären«, sagte der Storch, und dann ging er fort.

»Freue du dich deiner Jugend!« sagten die Sonnenstrahlen; »freue dich auch deines frischen Wachstums, des jungen Lebens, das in dir ist!«
Und der Wind küßte den Baum und der Tau weinte Tränen über ihn, aber das verstand der Tannenbaum nicht.
Wenn die Weihnachtszeit herankam, wurden ganz junge Bäume gefällt, Bäume, die oft nicht einmal so groß oder so alt waren wie dieser Tannenbaum, der weder Rast noch Ruhe hatte, sondern immer von dannen wollte; diese jungen Bäume – und es waren gerade die allerschönsten – behielten immer ihre Zweige, sie wurden auf Wagen gelegt, und Pferde zogen sie von dannen, aus dem Walde hinaus.
»Wo sollen sie hin?« fragte der Tannenbaum. »Sie sind nicht größer als ich, da war sogar einer, der noch viel kleiner war; warum haben sie alle ihre Zweige behalten? Wo fahren sie hin?«
»Das wissen wir! Das wissen wir!« zwitscherten die Spatzen. »Wir haben unten in der Stadt in die Fenster hineingeguckt! Wir wissen, wo sie hinfahren! Oh, sie gelangen zur größten Pracht und Herrlichkeit, die man sich nur denken kann! Wir haben in die Fenster hineingeguckt und gesehen, wie sie mitten in die warme Stube gepflanzt und mit den schönsten Sachen geschmückt wurden, mit vergoldeten Äpfeln und Honigkuchen, mit Spielzeug und mit vielen Hunderten von Lichtern!«
»Und dann –?« fragte der Tannenbaum und zitterte an allen Zweigen. »Und dann? Was geschieht dann?«
»Ja, mehr haben wir nicht gesehen! Das war wunderbar!«
»Ob ich wohl erschaffen bin, um diesen strahlenden Weg zu gehen?« jubelte der Baum. »Das ist noch besser, als über das Meer zu fahren! Wie mich die Sehnsucht quält! Wäre es doch

erst Weihnachten! Jetzt bin ich groß und breit wie die andern, die im vorigen Jahr weggeführt wurden! – Ach, wäre ich doch erst auf dem Wagen! Wäre ich doch in der warmen Stube mit all der Pracht und Herrlichkeit! Und dann –? Ja, dann kommt noch etwas viel Besseres, viel Schöneres, warum sollten sie mich sonst wohl so schmücken! Da muß noch etwas viel Größeres, viel Herrlicheres kommen –! Aber was? Oh, ich leide, ich sehne mich! Ich weiß selbst nicht, wie mir zumute ist!«

»Freue dich über mich!« sagte die Luft, sagte der Sonnenschein, »freue dich deiner frischen Jugend da draußen im Freien.«

Aber er freute sich gar nicht; er wuchs und wuchs, im Winter und im Sommer stand er grün da; dunkelgrün stand er da; Leute, die ihn sahen, sagten: »Das ist ein wunderhübscher Baum«; und zur Weihnachtszeit wurde er vor allen zuerst gefällt. Die Axt hieb tief durch das Mark, der Baum fiel mit einem Seufzer an die Erde, er empfand einen Schmerz, eine Ohnmacht, er konnte gar nicht an sein Glück denken, er war betrübt, von der Heimat scheiden zu müssen, von dem Fleck, wo er emporgesprossen war; er wußte ja, daß er niemals die lieben alten Kameraden, die kleinen Büsche und Blumen ringsumher, ja, vielleicht nicht einmal die Vögel wiedersehen würde. Die Abreise war gar nicht angenehm.

Der Baum kam erst wieder zu sich, als er im Hofe mit den andern Bäumen abgeladen worden war und einen Mann sagen hörte: »Der ist wunderhübsch! Wir brauchen nur den allein!«

Dann kamen zwei Diener in vollem Staat und trugen den Tannenbaum in einen großen, schönen Saal. Ringsumher an den Wänden hingen Ölgemälde, und neben dem großen Kachelofen standen chinesische Vasen mit Löwen auf den Deckeln; da gab es Schaukelstühle, seidene Sofas, große Tische, voll von Bilderbüchern und Spielzeug für hundertmal hundert Taler – wenigstens sagten die Kinder das. Und der Tannenbaum wurde in ein großes, mit Sand gefülltes Faß gestellt, aber niemand konnte sehen, daß es ein Faß war, denn es wurde grüner Stoff ringsherum gehängt, und es stand auf einem großen, bunten Teppich. Oh, wie der Baum bebte! Was wird wohl nun geschehen? Diener wie auch junge Damen gingen umher und schmückten ihn. An die Zweige hängten sie kleine, aus buntem Papier ausgeschnittene Netze; jedes Netz war mit Zuckerwerk gefüllt; vergoldete Äpfel und Walnüsse hingen dazwischen, als seien sie festgewachsen, und über hundert rote, blaue und weiße kleine Kerzen wurden an den Zweigen befestigt. Puppen, die leibhaftig wie Menschen aussahen – der Baum hatte noch niemals solche gesehen –, schwebten in dem Grün, und ganz oben auf die Spitze wurde ein großer Stern aus Flittergold gesteckt, das war prachtvoll, ganz wunderbar prachtvoll.

»Heute abend«, sagten sie alle zusammen, »heute abend soll er strahlen!«

»Ach«, dachte der Baum, »wäre es doch erst Abend! Wären doch die Lichter nur erst angezündet! Und was dann wohl geschieht? Ob wohl Bäume aus dem Walde kommen, um mich zu besehen? Ob die Spatzen an die Fensterscheiben fliegen? Ob ich hier festwachse und Winter und Sommer geschmückt dastehen soll?«

Ja, er wußte gut Bescheid; aber er hatte förmlich Rindenweh vor lauter Sehnsucht, und Rindenweh ist für einen Baum ebenso schlimm wie Kopfschmerzen für uns andere.

Nun wurden die Lichter angezündet. Welch ein Glanz, welch

eine Pracht! Der Baum erbebte dabei an allen Zweigen, so daß eins der Lichter das Grün anzündete; es brannte ordentlich.

»Gott bewahre uns!« schrien die jungen Damen und löschten es schnell aus.

Jetzt wagte der Baum nicht einmal zu beben! Oh, war das ein Graus! Er war so bange, etwas von seinem Schmuck zu verlieren, er war ganz verwirrt von all dem Glanz – und nun gingen beide Flügeltüren auf, und eine Menge Kinder stürzten herein, als wollten sie den ganzen Baum umreißen; die älteren Leute kamen bedächtig hinterdrein; die Kleinen standen ganz stumm da – aber nur einen Augenblick, dann jubelten sie wieder, daß es nur so schallte; sie tanzten rund um den Baum herum, und ein Geschenk nach dem andern wurde abgepflückt.

»Was machen sie nur?« dachte der Baum. »Was wird jetzt noch geschehen?« Und die Lichter brannten bis auf die Zweige herunter, und sobald eins niedergebrannt war, wurde es ausgelöscht, und dann bekamen die Kinder Erlaubnis, den Baum zu plündern. Oh, sie stürzten auf ihn ein, so daß er in allen Zweigen krachte; wäre er nicht mit der Spitze und mit dem goldenen Stern an die Decke festgebunden gewesen, so wäre er umgestürzt.

Die Kinder tanzten mit ihrem herrlichen Spielzeug herum, niemand sah den Baum an außer dem alten Kindermädchen, das umherging und zwischen die Zweige guckte, aber das tat sie nur, um zu sehen, ob da nicht noch eine Feige oder ein Apfel vergessen war.

»Eine Geschichte! Eine Geschichte!« riefen die Kinder und zogen einen kleinen dicken Mann nach dem Baum hin, und der setzte sich gerade unter ihn, »denn dann sind wir im Grünen«, sagte er, »und dem Baum kann es ganz besonders guttun, mit zuzuhören; aber ich erzähle nur eine Geschichte. Wollt ihr die von Ivede-Avede hören oder die von Klumpe-Dumpe, der die Treppe hinunterfiel und doch auf den Ehrenplatz kam und die Prinzessin kriegte?«

»Ivede-Avede!« schrien einige. »Klumpe-Dumpe!« schrien andere; da gab es ein Rufen und Schreien, nur der Tannenbaum schwieg ganz still und dachte: »Soll ich gar nicht mit dabeisein, soll ich gar nichts dabei zu tun haben!« Er war ja mit dabeigewesen, hatte getan, was er tun sollte.

Und der Mann erzählte von Klumpe-Dumpe, der die Treppe hinunterfiel und doch auf den Ehrenplatz kam und die Prinzessin kriegte. Und die Kinder klatschten in die Hände und riefen: »Erzähle! Erzähle!« Sie wollten auch »Ivede-Avede« hören, aber sie bekamen nur die Geschichte von »Klumpe-Dumpe« erzählt. Der Tannenbaum stand ganz still und nachdenklich da, nie hatten die Vögel draußen im Walde so etwas erzählt. »Klumpe-Dumpe fiel die Treppe hinab und kriegte doch die Prinzessin! Ja, ja, so geht es zu in der Welt!« dachte der Tannenbaum und glaubte, daß es wirklich wahr sei, weil es ein so netter Mann war, der es erzählte. »Ja, ja, wer kann es wissen! Vielleicht falle ich auch die Treppe hinunter und kriege eine Prinzessin!« Und er freute sich darauf, am nächsten Tag wieder mit Lichtern und Spielzeug und Gold und Früchten aufgeputzt zu werden.

»Morgen will ich nicht zittern«, dachte er. »Ich will mich so recht all meiner Herrlichkeit freuen. Morgen werde ich wieder die Geschichte von ›Klumpe-Dumpe‹ hören und vielleicht auch die von ›Ivede-Avede‹.« Und der Baum stand die ganze Nacht still und gedankenvoll da. Am Morgen kamen der Diener und das Mädchen herein.

»Nun beginnt die Pracht von neuem«, dachte der Baum, aber sie schleppten ihn aus der Stube hinaus, die Treppe hinauf auf den Boden, und da, in einer dunklen Ecke, wo kein Tag hineinschien, stellten sie ihn hin. »Was soll das bedeuten?« dachte der Baum. »Was soll ich hier wohl machen? Was werde ich hier wohl zu hören bekommen?« Und er lehnte sich an die Wand und dachte und dachte. – Und Zeit genug hatte er, denn es vergingen Tage und Nächte; niemand kam hinauf, und als endlich jemand kam, da geschah es nur, um ein paar große Kisten in die Ecke zu stellen; der Baum stand ganz versteckt, man sollte glauben, daß er ganz und gar vergessen war.

»Jetzt ist es Winter da draußen«, dachte der Baum. »Die Erde ist hart und mit Schnee bedeckt, die Menschen könnten mich nicht einpflanzen; darum muß ich hier noch bis zum Frühling im Schutz stehen! Wie wohlbedacht das ist! Wie gut doch die Menschen sind!«

»Wäre es hier nur nicht so dunkel und so schrecklich einsam! – Nicht einmal ein kleiner Hase! – Das war doch so vergnüglich da draußen im Walde, wenn Schnee lag und der Hase vorübersprang; ja, selbst als er über mich hinwegsprang, aber das mochte ich damals gar nicht. Hier oben ist es doch schrecklich einsam!«

»Piep, piep«, sagte im selben Augenblick eine kleine Maus und schlüpfte hervor, und dann kam noch eine kleine.

Sie beschnupperten den Tannenbaum und huschten in seinen Zweigen herum.

»Es ist eine gräuliche Kälte«, sagten die kleinen Mäuse. »Sonst ist es hier ja herrlich! Nicht wahr, du alter Tannenbaum?«

»Ich bin gar nicht alt«, sagte der Tannenbaum, »es gibt viele, die viel älter sind als ich!«

»Wo kommst du her?« fragten die Mäuse, »und was weißt du?« Die waren nun einmal so schrecklich neugierig. »Erzähle uns doch von dem schönsten Ort auf der Welt! Bist du dort gewesen? Bist du in der Speisekammer gewesen, wo Käse auf den Borden liegen und Schinken unter der Decke hängen, wo man auf Talglichten tanzt und mager hineingeht und fett herauskommt?«

»Den Ort kenne ich nicht«, sagte der Baum, »aber den Wald kenne ich, wo die Sonne scheint und wo die Vögel singen!«, und dann erzählte er alles aus seiner Jugend, und die kleinen Mäuse hatten noch nie so was gehört und sie hörten aufmerksam zu und sagten: »Nein, wie viel du gesehen hast! Wie glücklich du gewesen bist!«

»Ich?« sagte der Tannenbaum und dachte über das nach, was er selbst erzählte; »ja, es waren im Grunde ganz vergnügliche Zeiten!« – Aber dann erzählte er von dem Weihnachtsabend, wo er mit Kuchen und Lichtern geschmückt war.

»Ach«, sagten die kleinen Mäuse, »wie glücklich du gewesen bist, du alter Tannenbaum!«

»Ich bin gar nicht alt«, sagte der Tannenbaum, »ich bin ja erst diesen Winter aus dem Walde gekommen! Ich bin in meinem allerbesten Alter, ich bin nur im Wachstum zurückgeblieben!«

»Wie schön du erzählen kannst!« sagten die kleinen Mäuse, und in der nächsten Nacht kamen sie mit vier andern kleinen Mäusen, die den Baum erzählen hören sollten, und je mehr er erzählte, desto deutlicher erinnerte er sich all seiner Erlebnisse und meinte: »Es waren doch ganz vergnügliche Zeiten! Aber es kann noch kommen, es kann noch kommen! Klumpe-Dumpe fiel die Treppe hinunter und kriegte doch

die Prinzessin, vielleicht kriege ich auch eine Prinzessin«, und dabei dachte der Tannenbaum an eine kleine niedliche Birke, die da draußen im Walde wuchs, das war für den Tannenbaum eine wirkliche, schöne Prinzessin.
»Wer ist Klumpe-Dumpe?« fragten die kleinen Mäuse. Und dann erzählte der Tannenbaum das ganze Märchen, er konnte sich jedes einzelnen Wortes entsinnen; und die kleinen Mäuse waren nahe daran, vor lauter Freude bis an die Spitze des Baumes zu springen. In der nächsten Nacht kamen noch viel mehr Mäuse, und am Sonntag kamen sogar zwei Ratten; aber die meinten, die Geschichte wäre nicht amüsant; und das betrübte die kleinen Mäuse, denn jetzt gefiel sie ihnen auch lange nicht mehr so gut.
»Wissen Sie nur die eine Geschichte?« fragten die Ratten.
»Nur die eine«, antwortete der Baum. »Die hörte ich an meinem glücklichsten Abend, aber damals dachte ich nicht daran, wie glücklich ich war!«
»Das ist eine außerordentlich mäßige Geschichte! Wissen Sie keine von Speck oder Talglichten? Keine Speisekammergeschichte?«
»Nein«, sagte der Baum.
»Ja, dann bedanken wir uns vielmals!« sagten die Ratten und gingen wieder dahin, woher sie gekommen waren.
Die kleinen Mäuse blieben schließlich auch weg, und da seufzte der Baum: »Es war doch ganz nett, als sie um mich herumsaßen, die muntern kleinen Mäuse, und zuhörten, wenn ich erzählte! Nun ist auch das vorbei! – Aber ich werde daran denken, mich zu freuen, wenn ich nun wieder hervorgeholt werde!«
Aber wann geschah das? – Ja, in einer Morgenstunde kamen Leute und kramten auf dem Boden herum. Kisten wur-

den weggesetzt, der Baum wurde hervorgezogen; sie warfen ihn freilich ein wenig hart auf den Fußboden, aber gleich darauf schleppte ihn ein Diener nach der Treppe hin, wo der Tag hereinschien.

»Jetzt fängt das Leben wieder an«, dachte der Baum; er fühlte die frische Luft, den ersten Sonnenstrahl – und nun war er draußen auf dem Hof. Alles ging so geschwind, der Baum vergaß ganz, sich selbst zu betrachten, ringsumher war so vieles zu sehen. Der Hof stieß an einen Garten, und darin blühte alles; die Rosen hingen so frisch und duftend über das kleine Gitter herüber, die Lindenbäume blühten, und die Schwalben flogen umher und sagten: »Quivi-wiewie-vit, mein Mann ist gekommen!« Aber den Tannenbaum meinten sie nicht.

»Jetzt will ich leben!« jubelte er und breitete seine Zweige weit aus; ach, sie waren alle vertrocknet und gelb; und er lag in der Ecke zwischen Unkraut und Nesseln. Der Stern aus Goldpapier saß noch oben an der Spitze und glitzerte im hellen Sonnenschein.

Auf dem Hofe spielten ein paar von den lustigen Kindern, die zur Weihnachtszeit um den Baum herumgetanzt und sich so über ihn gefreut hatten. Eins von den kleinsten lief hin und riß den goldenen Stern ab.

»Seht, was da noch an dem ekligen alten Tannenbaum sitzt!« sagte der Junge und trampelte auf den Zweigen herum, so daß sie unter seinen Stiefeln krachten.

Und der Baum sah hinüber zu all der Blumenpracht und Frische im Garten, er sah sich selbst an und wünschte, daß er in seinem dunklen Winkel oben auf dem Boden geblieben wäre; er dachte an seine frische Jugend im Walde, an den lustigen Weihnachtsabend und an die kleinen Mäuse, die so vergnügt die Geschichte von Klumpe-Dumpe angehört hatten.

»Vorbei, vorbei«, sagte der arme Baum, »hätte ich mich doch gefreut, als ich es noch konnte. Vorbei! Vorbei!«

Und der Knecht kam und hieb den Baum in kleine Stücke, ein ganzes Bündel lag da; herrlich flammte es auf unter dem großen Braukessel; und er seufzte so tief, jeder Seufzer war wie ein kleiner Schuß; deshalb liefen die Kinder, die da draußen spielten, herzu und setzten sich vor das Feuer, sahen in die Flammen und riefen: »Piff! Paff!« Aber bei jedem Knall, der ein tiefer Seufzer war, dachte der Baum an einen Sommertag im Walde, an eine Winternacht da draußen, wenn die Sterne glitzerten; er dachte an den Weihnachtsabend und an Klumpe-Dumpe, das einzige Märchen, das er gehört hatte und erzählen konnte – und dann war der Baum verbrannt.

Die Knaben spielten auf dem Hofe, und der kleinste hatte den goldenen Stern an der Brust, den der Baum an seinem glücklichsten Abend getragen hatte; das war jetzt vorbei, und mit dem Baum war es vorbei und mit der Geschichte auch; vorbei, vorbei, und so geht es mit allen Geschichten!

DIE TANNEN DER HEILIGEN AURELIA
Ein Märchen aus dem Elsaß

Am Heiligen Abend ging ein armes Kind von Tür zu Tür, klopfte an und sagte: »Wollt Ihr meine zwei Tannen kaufen? Ihr könnt goldene Kugeln und Papiersterne daranhängen, und die Kinder werden ihre Freude daran haben.« Aber in jedem Haus hieß es: »Es ist zu spät, Kleiner, die Weihnachtsbäume sind schon längst gekauft. Komm nächstes Jahr wieder.«

Das Kind war verzweifelt, denn es gab kein Brot daheim. Nach vielen Bitten und ebenso vielen ausweichenden oder harten Antworten kam es zum Haus von Eidel, dem Gärtner. Hat man schon jemals gesehen, daß man demjenigen Tannen zu verkaufen versucht, dessen Aufgabe es ist, sie anzupflanzen? Das arme unschuldige Kind klopfte, und Eidel rief: »Wer klopft zu dieser Stunde?« Das Kind wagte nicht zu antworten.

»Wer klopft an meine Tür, wo ich meine Ruhe haben will?« sagte Eidel, und seine Stiefel knallten auf dem Boden. Er öffnete die Türe, und der bescheidene Bittsteller sah einen riesigen glänzenden Baum, der mit Reichtümern überladen war und sein Licht bis auf die Straße warf. Drei Kinder saßen um ein Feuer herum und betrachteten die Weihnachtsente, die da in ihrem Safte schwamm.

»Was willst du, Kleiner, du bist wohl ein Grünschnabel mit deinen zwei verkümmerten Tännchen.«

Das Kind wurde traurig und schwieg, denn es verstand, daß seine letzte Hoffnung dahingeschwunden war.

»Die Kälte kommt herein«, sagte der Gärtner, »sag, was du

zu sagen hast, oder ich schlage dir die Tür vor der Nase zu.«
Er hatte einen schroffen Ton, war aber eigentlich ein guter Mann. Er betrachtete den Kleinen im Alter seiner Kinder, der da mit nackten Füßen im Schnee stand und nicht wagte aufzuschauen, und er dachte daran, daß vielleicht die Seinen nach seinem Tode des Abends im Schnee stehen und bei anderen betteln müßten. Mit leiser Stimme sagte er: »Was willst du? Ich gebe dir, was ich kann.« – »Ich will meine zwei Weihnachtsbäume verkaufen, aber der Eure ist ja viel schöner.«

»Macht nichts«, sagte Eidel, »gib sie mir.« Er holte ein Goldstück aus seiner Schublade, und der arme Kleine traute seinen Augen kaum und glaubte, er wolle sich über ihn lustig machen. Die Kinder gaben ihm ein Stück von der Ente ab, die Mutter reichte ihm eine Schüssel mit heißer Suppe, und selbst der Hund war freundlich und leckte ihm die vor Kälte geröteten Hände. Da freute sich das Kind, dankte und kehrte frohgemut heim.

Eidel warf die zwei Tannen in eine Ecke und setzte sich zu Tisch. Das Essen war vortrefflich, die Ente zart und der Wein kühl. Dann gingen sie zu Bett.

Am anderen Morgen, am Weihnachtstag, kehrte Frau Eidel das Haus und stellte die zwei Tannen auf die Straße. Die Kinder, die im Schnee spielten, während sie auf die Stunde des Kirchgangs warteten, nahmen die zwei Stämmchen, ahmten ihren Vater nach und pflanzten sie hinter die Kirche. Die Glocken läuteten. Die Leute nahmen in der Kirche Platz. Eidel saß in seinem schönen Mantel in der vordersten Reihe und dankte Gott für seine Familie.

Als die Messe gelesen war und die Kirche sich leerte, schrien die Leute auf dem Vorplatz verwundert auf. Zwei Tannen reckten sich so hoch wie der Kirchturm in die Wolken. Eine Taube erhob sich aus einem Kirchenfenster, flog auf jede Tanne und schlug dreimal mit den Flügeln, dann kehrte sie in ihr Kirchenfenster zurück.

THOMAS BERNHARD

Von sieben Tannen und vom Schnee ... Eine märchenhafte Weihnachtsgeschichte

Jedes Jahr am Heiligen Abend machte ich den langen Weg hinüber nach St. Brigitten, um von einer weißhaarigen, gütigen Frau die drei Christkerzen für unseren Weihnachtstisch zu holen. »Die ist gegen das Feuer, die gegen die Not, und die für ein ewiges Leben«, sagte die Alte, wickelte alle drei in einen Leinenlappen und steckte sie in meinen kleinen Sack, den ich auf dem Rücken trug. Dann schenkte sie mir einige zuckerbestreute Sichelmonde und Sterne, lächelte und verschloss die Tür, während ich durch den tiefen Schnee nach Hause stapfte ...

Das war genau sieben Jahre, nachdem mich die Welt übernommen hatte.

Eine gute Stunde hatte ich bis nach Henndorf zurückzulegen, das in einem weiten, bis an den See reichenden Tale lag, in dem es so kalt werden konnte, dass sogar die Eisblumen an den Fenstern erfroren. Nicht lange, nachdem die Sonne hinter den Hügeln verschwunden war, wanderte schon der Vollmond über die dunklen Fichten. Ab und zu tauchte im flachen Nebel ein Stubenlicht auf oder es schrie eine Krähe am Rand des zugefrorenen Teichs. Unter meinen festen Schritten knirschte der kristallene Schnee und im Mondlicht dampfte der Atem. Ich weitete die Brust und zählte die Sterne, die am Himmel aufleuchteten, aber schließlich waren es so viele, dass ich nicht mehr wusste, wo ich zu zählen begonnen hatte, und wo aufgehört. Auf der weißen Fläche, die

sich unendlich an den Horizont dehnte, spiegelten sich Millionen irdischer Sonnen wider, und wurden so zu einem einzigen Licht, das die Welt überstrahlte.
Da mag ich wohl an den Himmel gedacht haben, und an alle, die ihn nicht glauben. Da mag ich sehr glücklich gewesen sein und zufrieden und hingehorcht haben an tausende Dinge, die in mir und um mich waren: die tiefe Nacht!
Und wenn ich zu den Wipfeln empor sah und noch weiter und weiter hinauf, dann wusste ich auch, dass das ewige Leben, von dem die Alte erzählte, die höchste Empfindung im Anblick des Seins ist …
Vor der kleinen Kapelle mit der bemalten Madonna blieb ich stehen. Und weil ich sie immer aufsuchte, wenn ich vorbei kam, schlug ich den Schnee von den Schuhen und stellte mich unter das tiefblaue Gewölbe. Ich faltete die Hände, aber ich betete nicht, denn wenn das Glück und die Offenbarung am nächsten sind, glaubt man nur und erfüllt. – Da standen drei Heilige hinter dem Eisengitter, der eine im goldenen, der andere im gelben und der dritte im braunen Mantel. Alle drei aus jahrhundertealtem Eschenholz. Ihre teils fröhlichen und ernsten Gesichter waren von der Sonne gebleicht. Je mehr ich sie aber betrachtete, umso größer wurden sie. Ihre Hände bewegten sich, ihre Augen leuchteten und dann war es auch, als redeten sie miteinander. Vielleicht öffnete sich auch das Gitter? Aber ein Chor von Hunderten von Engeln sang … langsam ging ich ihnen nach, durch den eisigen Winter, immer tiefer ins Schweigen der Nacht.
Die drei Heiligen führten mich an die Ränder des Waldes, wo der frischgefallene Schnee so tief lag, dass nur die Wipfel der jungen Tannen herausschauten und wo es so ruhig war,

dass man nur die Schritte hörte, die große, dunkle Löcher in die weiße Decke drückten. Manchmal bewegte sich einer der herabhängenden Äste, oder fiel Schnee von den Zweigen, als wäre ein Reh in die Lichtung getreten. Hie und da war es, als knisterte ein Stern. Vom Großen Bären fielen tausende Schuppen herab …

»Komm«, sagte der eine Heilige, »wir gehen zu den sieben Tannen, die die Welt bedeuten.«

»Die Welt?«, fragte ich.

»Ja, die ganze …«, meinte der kleinste, von dem ich wusste, dass er Antonius hieß, und der dritte war schon weit voraus.

Meine Schritte machte ich immer leichter, und schließlich schwebte ich wie der Mond über das ganze große Waldstück.

»Da her!«, sagte Andreas, der ein wunderbares Gesicht hatte und tiefleuchtende Augen. Mich wunderte, dass es ihn nicht fror, denn an den Füßen hatte er noch immer die dünnen Sandalen. Aber sein Bart schien ihn wirklich zu wärmen …

Mitten im Schnee, in der Nähe eines kleinen Hügels, standen sieben Tannen. Die erste war die größte, die siebente am allerkleinsten. Sie konnte den Schnee, der ihren Wipfel niederdrückte, kaum ertragen.

»Da sind sie …«, sagte einer von den dreien, »alle sieben. Sie leben sehr zurückgezogen, die Schönheit, die Wahrheit, die Reinheit, die Vernunft, der Glaube, die Hoffnung und …«

»… und die Liebe«, sagte der kleinste, dem es gar nicht recht war, dass der Mond seinen Kahlkopf beschien.

»Die ist am schlechtesten daran, sie kann nicht nachkommen«, sagten alle drei versonnen und schüttelten die Köpfe. Dann war es ganz still.

»Warum kann sie nicht nachkommen?«, fragte ich nach einer Weile.
»Ja«, überlegten sie, »weil … weil sie so schwächlich ist …«
»Man müsste sie pflegen. Es gibt doch Menschen, die mit ihr umzugehen wissen«, meinte ich, recht verwundert.
»Niemand geht so weit heraus, um sich ihrer anzunehmen«, stellten die Heiligen fest. »Sie haben alle keine Zeit …«
»Keine Zeit?«
»Ja …«
»Ach«, sagte ich, »dann wird sie vielleicht verkümmern …«
Ich rüttelte sie von allen Seiten so fest, dass der ganze Schnee von ihren schwachen Ästen fiel – und da war es mir auch, als atmete sie tief.
Die Wahrheit neigte sich vor. Die Hoffnung aber, die fast so klein war wie die Liebe, wurde in diesem Augenblick vom Mond erleuchtet, so dass man glauben hätte können, sie wäre aus lauter Gold.
Alles war so wunderschön.
Die drei Heiligen aber standen da, und wussten keinen Rat. Alle vier sanken wir immer tiefer in den Schnee, und der Älteste holte ab und zu einen Stern vom Himmel, ohne dass sie weniger geworden wären, um seine Hände zu wärmen. Und endlich rief ich ganz begeistert: »Dann will ich sie pflegen! Ich …«
Eine schwere Hand war auf meine Schulter gefallen. – Der Vater stand hinter mir.
»Was treibst du so lange?«, fragte er streng und sein Atem war warm und stieg wie Flaum in die Nachtluft. Nachdenklich ging ich mit ihm den schmalen Weg hinunter.
»Ist dir kalt?«, fragte er.
»Nein …«

»Und wen willst du pflegen?«

»Die Liebe, Vater … die Hoffnung und die Liebe …«, flüsterte ich, und war von allen der Glücklichste.

VOM CHRISTKIND UND VOM NIKOLAUS

LUISE BÜCHNER

Die Geschichte vom Christkind und vom Nikolaus

Nun war die gute Frau Holle froh, denn jetzt hatte sie einen Knecht für ihr Christkindchen gefunden und zugleich einen Gehilfen für die Menge von Geschäften, die es auf Weihnachten gibt. Zuerst machte sie nun mit den Engeln zwei wunderschöne Körbe für den Esel, die wurden aus feinem Stroh geflochten und mit blauen und roten Seidenbändern verziert. Dann holten sie aus der Stadt vom Gerber schönes rotes Leder, davon machten sie einen Sattel und Zaum, und ringsherum wurden silberne Glöckchen gesetzt, so daß es immer leise klingelte, wenn das Eselchen sich bewegte. Dem Grauchen gefiel es sehr wohl in dem schönen Stall bei den zwei weißen Kühen, und bald hatte es das Christkind fast noch lieber als den Nikolaus, denn dasselbe brachte ihm jeden Tag süßes Zuckerbrot und streichelte und liebkoste es.
Unterdessen durchstreifte der Nikolaus wieder Wald und Feld, um sich neue Reiser und Gerten zu Ruten zu suchen, wobei er fortwährend auf die einfältigen Engelein schalt, die ihm seine schönen Ruten verbrannt hatten. Wenn er aber dann am Abend heimkam, hatten sie ihm immer ein Lieblingsgericht gekocht, bald Linsensuppe mit Bratwurst, bald Sauerkraut und bald Kartoffelklöße. Da ward er wieder vergnügt, ließ es sich schmecken und setzte sich dann ans Feuer, um Ruten zu binden. Christkindchen saß neben ihm, nahm die Ruten und wickelte schöne Gold- und Seidenbänder um den Stiel, damit die Ruten doch nicht so ganz entsetzlich aussähen.

»Mache nur immer deinen Firlefanz daran«, knurrte der Nikolaus, »die spürt man doch, wo sie hinfahren!« Damit schwang er eine Rute durch die Luft, daß es einen lauten Ton gab und die Engel ganz erschrocken in die Ecken flüchteten.

So verging der Spätherbst, die Blätter fielen alle von den Bäumen, der Wind pfiff laut über die Ebene, und dem Mühlbach verging das Rauschen und Murmeln, denn er war fest zugefroren, da sagte die Frau Holle: »Morgen, Kinder, gibt es einen lustigen Tag; da wollen wir einen ungeheuren Vorrat von Lebkuchen, Anisgebacknem und Marzipan backen, daß mein Christkindlein am Weihnachtsabend mit vollen Händen austeilen kann. Du, Nikolaus, bleibst hübsch zu Hause und sorgst für die Lebkuchen, das ist dein Geschäft, und backe sie nur so schön braun, wie dein Gesicht ist. Christkindlein aber macht das Anisgebackne und das Marzipan, weil dies ebenso weiß und fein ist wie mein Kind. Honig für die Lebkuchen ist genug da; die Bienchen, die den Sommer über unsere Blumen auf der Höhe benaschen, haben einen großen Vorrat ins Haus geschleppt. Das Mehl holt unser Grauchen heute nacht drunten in der Mühle, und die übrigen Sachen sind schon alle da. Ist es euch recht so?«

Alle riefen: »Ja, ja!«, nur der Nikolaus, der immer etwas zu knurren hatte, sagte: »Jetzt soll ich auch noch Lebkuchen backen, ich habe es längst wieder verlernt!«

»Wirst es schon noch können, alter Brummbär«, antwortete Frau Holle lachend, und richtig – am andern Morgen war er zuerst auf, heizte den großen Backofen ein und ging ans Werk. Er nahm Honig in eine Schüssel, die war fast so groß wie die goldne Badewanne, in der Frau Holle sich mit den Engelein wusch, tat Mehl hinzu, Pfeffer, Nägelein und Zimt und fing an, mit seinen großen Händen alles durcheinanderzukneten. Bei ihm ging alles in der größten Ruhe und Ordnung vor sich, denn er war ja ein Mann, und da muß jedes Ding seinen regelmäßigen Lauf haben. Um so lustiger und unruhiger aber war es nebenan, wo das Marzipan und das Anisgebackne verfertigt wurden. Gott, war das ein Getrappel und Gelaufe, ein Gekicher und Geschwätz – man konnte sein eigen Wort nicht verstehen! Da kniete ein Engelchen vor einem ungeheuren Mörser und stieß Zucker fein, dort saß ein anderes und las den Anis aus, ein drittes rieb Zitronen ab, ein viertes schlug die Eier auf, ein fünftes stäubte das Mehl durch ein Sieb, ein sechstes hackte Mandeln, ein siebentes malte den Zimt, und viere bis fünfe hielten am Rand eine großmächtige Schüssel fest, vor der das Christkindchen stand und mit einem langen Löffel den Teig herumrührte.

Zuweilen ward der Lärm so arg, daß der Nikolaus mit seinen Händen voll braunem Teig an der Türe erschien und Ruhe gebot. Dann ging aber der Spektakel erst recht los; sie stürzten alle auf den Nikolaus ein: »Hinaus«, riefen sie, »du brauner Kerl, hinaus! Du machst uns unser weißes Gebackne schwarz!« Dabei schlugen sie mit den leeren Mehlsäcken nach ihm, daß er so weiß ward wie der Müller drunten aus der Mühle. Nun aber war der Nikolaus auch nicht faul; er faßte mit seinen braunen Händen nach rechts und links, und wo er ein Engelein erwischte, klebte er ihm mit dem klebrigen Honigteig den Mund zu, daß ihm für diesen Tag das Sprechen und Lachen verging. Das war ein rechter Jammer! Frau Holle und Christkindchen mußten oft so lachen, daß sie nicht mehr fortarbeiten konnten. Da war es kein Wunder, wenn der Nikolaus früher fertig ward als die Frau-

enzimmer. Sie hatten kaum erst einige Hunde, Katzen, Pferde und dicke Männlein von Anis und Marzipan fertiggebracht, als der Nikolaus schon rief: »Nun kommt und seht!«
Sie liefen alle in seine Stube, da duftete es köstlich, und in langen Reihen lagen Tausende und Tausende von Odenwälder Honiglebkuchen aufgeschichtet. Viel Abwechselung war grade nicht dabei; sie waren entweder rund oder herzförmig, und in der Mitte hatte der Nikolaus ein Bild hineingedrückt, nach seinem absonderlichen Geschmack. Gewöhnlich war es Adam und Eva im Paradies oder auch ein Reitersmann und zuweilen das liebe Christkind selbst mit einer Strahlenkrone auf dem Kopf. Um das Bild herum war mit schönen weißen Buchstaben ein Vers gemalt. Weil aber der Nikolaus nicht recht schreiben kann, so kann man den Vers auch nicht recht lesen, und es ist darum allen Kindern zu raten, sich nicht weiter den Kopf darüber zu zerbrechen, sondern ihn ungelesen zu verzehren.
Frau Holle lobte den Nikolaus sehr wegen der schönen Arbeit, die er gemacht, und trieb nun die andern wieder tüchtig ans Werk. Sie schämten sich jetzt vor dem Nikolaus und eilten sich mehr als zuvor. Bald roch der ganze Böllstein so gut wie eine Hofküche, und am andern Morgen lagen ganze Gebirge von Marzipan und Anisgebacknem fertig da.
Als es Abend ward, zog Frau Holle dem Nikolaus ihren Pelzrock an und setzte ihm die Pelzmütze auf, füllte die Körbe des Eselchens mit Zuckerwerk und Ruten, legte ihm sein rotes Geschirr um und hob dann das Christkindchen, das seine schönsten Kleider anhatte, auf den Sattel. Der Nikolaus warf noch seinen Sack voll Nüsse und Äpfel über die Schulter, nahm dann die Zügel in die Hand, und fort ging es durch die dunkle Nacht den Berg hinab zu den hellen Wohnungen

der Menschen. Frau Holle aber steckte sich schnell in ihr warmes Bett und war froh, daß sie nicht mehr hinaus und dann auf einem Zwirnsfaden heimreiten mußte.
Wie nun aber die beiden den Berg hinunter waren, hielt der Nikolaus den Esel an und sagte: »Liebes Christkindchen, ehe wir weiterziehen, möchte ich zuerst nach den Kindern in der Mühle sehen, die waren immer lieb und brav und pflegten mein Eselchen, wenn ich es einmal im Stall allein lassen mußte.«
»Das ist mir ja schon recht, lieber Nikolaus«, antwortete das Christkind, und so ritten sie denn ganz stille bis an die Mühle und sahen durch das Fenster hinein in die Stube. Das war sehr leicht, denn die Müllerin war eine brave Frau, und die Scheiben waren immer blankgeputzt. Auch die Lampe brannte schön hell, und um sie herum an dem blanken Tisch saßen das Gretchen, der Karl und der Peter. An ihrem Ansehen konnte man gleich merken, daß es brave Kinder waren, denn sie trieben keine Unarten, sondern jedes war mit einer Arbeit beschäftigt. Das Gretchen half der Mutter Äpfel schälen, weil am nächsten Tag Sonntag war und die Müllerin den Kindern versprochen hatte, ihnen einen großen Äpfelkuchen zu backen. Der Karl saß über einem Buch, hielt sich beide Ohren zu und murmelte immer vor sich hin, dabei war er ganz hochrot im Gesicht von der Anstrengung. Er hatte für den Herrn Schulmeister ein Lied über den Sonntag auswendig zu lernen und hatte sich gleich am Samstagabend darüber gesetzt, wie dies die fleißigen Kinder tun. Der kleine Peter malte ruhig auf seine Schiefertafel Hunde und Katzen, und wenn diese auch eher Mehlsäcken und Brotlaiben als Tieren glichen, so lag ja nichts daran.
Wer da draußen vor dem Fenster stand und ihnen zusah –

das wußten die Kinder freilich nicht und sollten sie auch nicht wissen. Leise, leise griff Christkindchen in den Korb mit den Zuckersachen und legte für jedes Kind ein großes Stück auf das Fenstergesims. Eine Rute dazuzulegen, war bei so lieben Kindern ganz überflüssig. Wer aber den Nikolaus und das Christkindchen beinahe verraten hätte, das war das Grauchen. Er kannte die Mühle und die Kinder gar wohl und freute sich, sie zu sehen. So reckte er denn die langen, spitzen Ohren in die Höhe, bewegte den Kopf wie zum Gruß, so daß die silbernen Glöckchen an dem roten Zaum hell erklangen, und rief ein freudiges »I – ah!« Wie flogen da die drei blonden Köpfe in der Stube von der Arbeit empor, und wie neugierig starrten die blauen Augen nach den angelaufenen Fensterscheiben.
»Mutter, das war unser Grauchen, dem Nikolaus sein Grauchen!« rief Karl, stürzte an das Fenster und die andern hinter ihm drein. Aber sie kamen viel zu spät, husch, husch! waren der Nikolaus, das Christkind und der Esel wieder in Nacht und Nebel verschwunden, nur ganz von ferne hörte man noch die silbernen Schellchen klingen. Ganz betrübt sahen die Kinder einander an, da sagte die Müllerin: »Aber da draußen vor dem Fenster steht etwas, seht nur, ein Reitersmann von Marzipan, eine Wickelpuppe von Anisgebacknem und ein großer Herzlebkuchen!« Die Müllerin machte das Fenster auf, holte die Zuckersachen herein, und nun wollten die Freude und der Jubel gar kein Ende nehmen.
»Seht ihr, daß ich recht hatte!« sagte Karl, »da ist wirklich der Nikolaus mit seinem Eselchen und dem Christkind draußen gewesen.«
»Was sprichst du da von einem Christkind?« fragte die Mutter.

»Ja, so ist es«, rief Gretchen, »der Nikolaus ist jetzt mit seinem Esel droben auf dem Böllstein bei der guten Frau Holle und dem lieben Christkind, das hat er uns alles erzählt. Und wenn wir brav sind, bringt er uns zu Weihnachten einen Zuckerbaum und viele schöne Sachen!«
»Wenn ich nur das Eselchen gesehen hätte«, sagte der kleine Peter.
»Weißt du, Peterchen, was wir tun«, rief Karl, »wir legen morgen abend dem Grauchen ein Bündelchen Heu vor die Türe, zum Dank dafür, daß wir so gute Sachen bekommen haben.«
»Und das Heu stecken wir in unsere Schuhe«, setzte Gretchen hinzu, »damit der Wind es nicht fortjagt.«
So wurde es wirklich gemacht; die dankbaren Kinder steckten am andern Abend Heu in ihre kleinen Schuhe und stellten sie vor die Türe. In der Nacht kamen richtig wieder der Nikolaus, das Christkind und der Esel, der schon von weitem das gute Heu witterte. Er blieb stehen, fraß es, und der Nikolaus, den nichts so sehr freut, als wenn man seinen Esel gut behandelt, steckte einen großen roten Apfel in jeden Schuh; dann zogen sie weiter. Als aber nun am Montagmorgen die Liesbeth die Schuhe für die Müllerskinder hereinholte, lag statt des Heues in jedem ein schöner Apfel. Das hatten sie nicht erwartet und waren ganz toll vor Freude. Als sie in die Schule kamen, hatten sie gar nichts Eiligeres zu tun, als die große Neuigkeit allen Kindern zu erzählen. Die liefen nach Hause, stellten auch ihre Schuhe vor die Türe, steckten auch Heu hinein und fanden am andern Morgen statt dessen einen dicken roten Apfel. Bald wußten alle Kinder im ganzen Lande die Geschichte von dem Esel und dem Heu, und das Grauchen bekommt soviel zu fressen, daß es im-

mer noch lebt, obgleich es schon seit vielen hundert Jahren mit dem Nikolaus und dem Christkind in der Welt herumzieht. So ein Apfel, der des Nachts in den Schuh gesteckt wird, schmeckt aber auch zehnmal süßer als der beste Zehnuhrapfel der Mama.

So reiten denn die drei jedes Jahr von Dorf zu Dorf, von Stadt zu Stadt, von Haus zu Haus, sehen durch die Fenster, wo die guten und die schlimmen Kinder sind, bringen Zukkerwerk oder Ruten, wie es eben paßt, bis endlich Weihnachten, des lieben Christkindleins Geburtstag, kommt. Da wird es am allerschönsten!

Wenn es dann Abend geworden und die große Glocke auf dem Kirchturm fünfmal: bum, bum, bum, bum, bum! geschlagen hat, wird es in allen Häusern so helle, wie damals droben auf der Böllsteiner Höhe, als der Klapperstorch das liebe Kindlein zu Frau Holle brachte, und es jauchzt und jubiliert in den Stuben, grade so, wie es damals die Engelein machten. – Jetzt ist Christkindleins heimliches Werk zu Ende, und alles wird offenbar, was es mit den Eltern zu tutscheln und abzumachen hatte. Da prangt für die guten Kinder der bunte Christbaum und stehen die prächtigen Spielsachen umher, und sie nehmen sich fest vor, im folgenden Jahre noch lieber und artiger zu werden und dadurch dem guten Christkindchen ihren Dank zu beweisen.

Nikolaus und Christkindchen sind aber jetzt gar müde und matt. Während die Freude und das Glück, das sie gebracht, in allen Häusern lebendig sind, ziehen sie still hinauf auf ihren Böllstein, stecken sich in ihre warmen Betten und schlafen sich darin aus, bis es wieder Zeit wird, an die neue Weihnacht zu denken.

In dieser Weise geht es nun schon viele, viele, viele Jahre

lang; der Nikolaus hat unterdessen einen langen weißen Bart und schneeweiße Haare bekommen, und er ist noch mürrischer als zuvor, denn die Weihnachtsarbeit wird ihm manchmal recht sauer. Das liebe Christkind aber verändert sich nicht; es bleibt ewig jung und ewig schön und ist den artigen Kindern noch ebenso gut wie am ersten Tage. Die Frau Holle hat sich schon längst ganz zur Ruhe gelegt, man sieht und hört nichts mehr von ihr; ihr weiches Federbett hat das Christkind geerbt, und an dem haben nun die Engelein zu schütteln und zu rütteln. Wenn ich euch nicht die Geschichte von der Frau Holle erzählt hätte, so wüßtet ihr gar nicht, daß sie jemals dagewesen.

FELIX TIMMERMANS

Sankt Nikolaus in Not

Es fielen noch ein paar mollige Flocken aus der wegziehenden Schneewolke, und da stand auf einmal auch schon der runde Mond leuchtend über dem weißen Turm.

Die beschneite Stadt wurde eine silberne Stadt.

Es war ein Abend von flaumweicher Stille und lilienreiner Friedsamkeit. Und wären die flimmernden Sterne herniedergesunken, um als Heilige in goldenen Meßgewändern durch die Straßen zu wandeln – niemand hätte sich gewundert.

Es war ein Abend, wie geschaffen für Wunder und Mirakel.

Aber keiner sah die begnadete Schönheit des alten Städtchens unter dem mondbeschienenen Schnee.

Die Menschen schliefen.

Nur der Dichter Remoldus Keersmaeckers, der in allem das Schöne sah und darum lange Haare trug, saß noch bei Kerzenschein und Pfeifenrauch und reimte ein Gedicht auf die Götter des Olymps und die Herrlichkeit des griechischen Himmels, die er so innig auf Holzschnitten bewundert hatte.

Der Nachtwächter Dries Andijvel, der auf dem Turm die Wache hielt, huschte alle Viertelstunden hinaus, blies eilig drei Töne in die vier Windrichtungen, kroch dann zurück in die warme, holzgetäfelte Kammer zum bullernden Kanonenöfchen und las weiter in seinem Liederbüchlein: »Der flämische Barde, hundert Lieder für fünf Groschen«. War eins dabei, von dem er die Weise kannte, dann kratzte er die auf einer alten Geige und sang das Lied durch seinen weißen Bart, daß es bis hoch ins rabenschwarze Gerüst des Turmes

schallte. Ein kühles Gläschen Bier schmierte ihm jedesmal zur Belohnung die Kehle.
Trinchen Mutser aus dem »Verzuckerten Nasenflügel« saß in der Küche und sah traurig durch das Kreuzfensterchen in ihren Laden.
Ihr Herz war in einen Dornbusch gefallen. Trinchen Mutsers Herz war ganz durchstochen und durchbohrt, nicht weil all ihr Zuckerzeug heut am Sankt-Nikolaus-Abend ausverkauft war – ach nein! weil das große Schokoladenschiff stehengeblieben war. Einen halben Meter war es hoch und so lang wie von hier bis dort! Wie wunderschön stand es da hinter den flaschengrünen Scheiben ihres Lädchens, lustig mit Silberpapier beklebt, verziert mit rosa Zuckerrosetten, mit Leiterchen aus weißem Zucker und mit Rauch in den Schornsteinen. Der Rauch war weiße Watte.
Das ganze Stück kostete soviel wie all die kleinen Leckereien, die Pfefferkuchenhähne mit einem Federchen am Hintern, die Knusperchen, die Schaumflocken, die Zuckerbohnen und die Schokoladenplätzchen zusammen. Und wenn das Stück, das Schiff aus Schokolade, das sich in rosa Zukkerbuchstaben als die »Kongo« auswies, nicht verkauft wurde, dann lag ihr ganzer Verdienst im Wasser, und sie verlor noch Geld obendrein.
Warum hat sie das auch kaufen müssen? Wo hat sie nur ihre Gedanken gehabt! So ein kostbares Stück für ihren bescheidenen kleinen Laden!
Wohl waren alle gekommen, um es sich anzusehn, Mütter und Kinder, sie hatte dadurch verkauft wie noch nie. Aber kein Mensch fragte nach dem Preis, und so blieb es stehen und rauchte immer noch seine weiße Watte, stumm wie ein toter Fisch.

Als Frau Doktor Vaes gekommen war, um Varenbergsche Hustenbonbons zu holen, da hatte Trinchen gesagt: »Sehen Sie nur mal, Frau Doktor Vaes, was für ein schönes Schiff! Wenn ich Sie wäre, dann würde ich Ihren Kindern nichts anderes zum Sankt Nikolaus schenken als dieses Schiff. Sie werden selig sein, wie im Himmel.«
»Ach«, sagte Frau Vaes abwehrend, »Sankt Nikolaus ist ein armer Mann. Die Kinder werden schon viel zu sehr verwöhnt, und außerdem gehen die Geschäfte von dem Herrn Doktor viel zu schlecht. Wissen Sie wohl, Trinchen, daß es in diesem Winter fast keine Kranken gibt? Wenn das nicht besser wird, weiß ich gar nicht, was wir anfangen sollen.« Und sie kaufte zwei Pfefferkuchenhähne auf einem Stäbchen und ließ sich tagelang nicht mehr sehen.
Und heute war Nikolausabend; aller Kleinkram war verkauft, nur die »Kongo« stand noch da in ihrer braunen Kongofarbe und rauchte einsam und verlassen ihre weiße Watte. Zwanzig Franken Verlust! Der ganze Horizont war schwarz wie die »Kongo« selber. Vielleicht könnte man sie stückweise verkaufen oder verlosen? Ach nein, das brachte noch nicht fünf Franken ein, und sie konnte das Ding doch nicht auf die Kommode stellen neben die anderen Nippsachen.
Ihr Herz war in einen Dornbusch gefallen. Sie zündete eine Kerze an für den heiligen Antonius und eine für Sankt Nikolaus und betete einen Rosenkranz, auf daß der Himmel sich des Schiffes annehmen möge und Gnade tauen. Sie wartete und wartete.
Die Stille wanderte auf und ab.
Um zehn Uhr machte sie die Fensterläden zu und konnte in ihrem Bett vor Kummer nicht schlafen.
Und es gab noch ein viertes Wesen in dem verschneiten Städt-

chen, das nicht schlief. Das war ein kleines Kind, Cäcilie; es hatte ein seidig blondes Lockenköpfchen und war so arm, daß es sich nie mit Seife waschen konnte, und ein Hemdchen trug es, das nur noch einen Ärmel hatte und am Saum ausgefranst war wie Eiszapfen an der Dachrinne.

Die kleine Cäcilie saß, während ihre Eltern oben schliefen, unter dem Kamin und wartete, bis Sankt Nikolaus das Schokoladenschiff von Trinchen Mutser durch den Schornstein herunterwerfen würde. Sie wußte, es würde ihr gebracht werden; sie hatte es jede Nacht geträumt, und nun saß sie da und wartete voller Zuversicht und Geduld darauf; und weil sie fürchtete, das Schiff könne beim Fallen kaputtgehen, hatte sie sich ihr Kopfkissen auf den Arm gelegt, damit es weich wie eine Feder darauf niedersinken könnte.

Und während nun die vier wachenden Menschen im Städtchen: der Dichter, der Turmwächter, Trinchen Mutser und Cäcilie, ein jedes mit seiner Freude, seinem Kummer oder seiner Sehnsucht beschäftigt, nichts sahen von der Nacht, die war wie ein Palast, öffnete sich der Mond wie ein runder Ofen mit silberner runder Tür, und es stürzte aus der Mondhöhle eine solche strahlende Klarheit hernieder, daß sie sich auch mit goldener Feder nicht beschreiben ließe.

Einen Augenblick lang fiel das echte Licht aus dem wirklichen Himmel auf die Erde. Das geschah, um Sankt Nikolaus auf seinem weißen, schwer beladenen Eselchen und den schwarzen Knecht Ruprecht durchzulassen.

Aber wie kamen sie nun auf die Erde? Ganz einfach. Das Eselchen stellte sich auf einen Mondstrahl, stemmte die Beine steif und glitschte herunter, wie auf einer schrägen Eisbahn. Und der schlaue Knecht Ruprecht faßte den Schwanz vom Eselchen und ließ sich behaglich mitziehen, auf den

Fersen hockend. So kamen sie ins Städtchen, mitten auf den beschneiten Großen Markt.
In Körben, die zu beiden Seiten des Eselchens hingen, dufteten die bunten Leckereien, die Knecht Ruprecht unter der Aufsicht von Sankt Nikolaus in der Konditorei des Himmels gebacken hatte. Und als man sah, daß es nicht reichte und der Zucker zu Ende ging, da hatte Knecht Ruprecht sich in Zivil geworfen, um unerkannt in den Läden, auch bei Trinchen Mutser, Süßigkeiten zu kaufen, von dem Geld aus den Sankt-Nikolaus-Opferstöcken, die er alle Jahre einmal in den Kirchen ausleeren durfte.
Mit all den Leckereien war er an einem Mondstrahl in den schönen Himmel hinaufgeklettert, und nun mußte das alles verteilt werden an die kleinen Freunde von Sankt Nikolaus.
Sankt Nikolaus ritt durch die Straßen, und bei jedem Haus, in dem ein Kind wohnte, gab er je nach der Artigkeit des Kindes dem Knecht Ruprecht Leckereien, welche dieser, mit Katzengeschmeidigkeit an Regenkandeln und Dachrinnen entlangkletternd und über die Ziegel krabbelnd, zum Schornstein brachte; da ließ er sie dann vorsichtig hinunterfallen durch das kalte zugige Kaminloch, gerade auf einen Teller oder in einen Holzschuh hinein, ohne die zerbrechlichen Köstlichkeiten auch nur etwas zu bestoßen oder zu schrammen.
Knecht Ruprecht verstand sich auf seine Sache, und Sankt Nikolaus liebte ihn wie seinen Augapfel.
So bearbeiteten sie das ganze Städtchen, warfen herab, wo zu werfen war, sogar hier und da eine harte Rute für rechte Taugenichtse.
»Da wären wir bis zum nächsten Jahr wieder mal fertig«,

sagte der Knecht Ruprecht, als er die leeren Körbe sah. Er steckte sich sein Pfeifchen an und stieß einen erleichterten Seufzer aus, weil die Arbeit nun getan war.

»Was?« fragte Sankt Nikolaus beunruhigt. »Ist nichts mehr drin? Und die kleine Cäcilie? Die brave kleine Cäcilie? Schscht!«

Sankt Nikolaus sah auf einmal, daß sie vor Cäciliens Haus standen, und legte mahnend den Finger auf den Mund. Doch das Kind hatte die warme, brummende Stimme gehört wie Hummelgesumm, machte große Augen unter dem goldenen Lockenkopf, glitt ans Fenster, schob das Gardinchen weg und sah Sankt Nikolaus, den wirklichen Sankt Nikolaus.

Das Kind stand mit offenem Munde staunend da. Und während es sich gar nicht fassen konnte über den goldenen Bischofsmantel, der funkelte von bunten Edelsteinen wie ein Garten, über die Pracht der Mitra, worauf ein diamantenes Kreuz Licht in die Nacht hineinschnitt wie mit Messern, über den Reichtum der Ornamente am Krummstab, wo ein silberner Pelikan das Rubinenblut pickte für seine Jungen, während sie die feine Spitze besah, die über den purpurnen Mantel schleierte, während sie Gefallen fand an dem guten weißen Eselchen, und während sie lachen mußte über die Grimassen von dem drolligen schwarzen Knecht, der die weißen Augen herumrollte, als ob sie lose wie Taubeneier in seinem Kopf lägen, während alledem hörte sie die zwei Männer also miteinander reden:

»Ist gar nichts mehr in den Körben, lieber Ruprecht?«

»Nein, heiliger Herr, so wenig wie in meinem Geldsäckel.«

»Sieh noch einmal gut nach, Ruprecht!«

»Ja, heiliger Herr, und wenn ich die Körbe auch ausquetsche, so kommt doch nicht soviel heraus wie eine Stecknadel.«

Sankt Nikolaus strich kummervoll über seinen schneeweißen Lockenbart und zwinkerte mit seinen honiggelben Augen.
»Ach«, sagte der schwarze Knecht, »da ist nun doch nichts mehr zu machen, heiliger Herr. Schreib der kleinen Cäcilie, daß sie im kommenden Jahr doppelt und dreimal soviel kriegen soll.«
»Niemals! Ruprecht! Ich, der ich im Himmel wohnen darf, weil ich drei Kinder, die schon zerschnitten und eingepökelt waren, wieder zum Leben gebracht und ihrer Mutter zurückgegeben habe, ich sollte nun diese kleine Cäcilie, das bravste Kind der ganzen Welt, leer ausgehen lassen und ihm eine schlechte Meinung von mir beibringen? Nie, Ruprecht! Nie!«
Knecht Ruprecht rauchte heftig, das brachte auf gute Gedanken, und sagte plötzlich: »Aber, heiliger Herr, nun hört mal zu! Wir haben keine Zeit mehr, um noch einmal zum Himmel zurückzukehren. Ihr wißt, für Sankt Peter ist der Himmel kein Taubenschlag. Und außerdem, der Backofen ist kalt und der Zucker zu Ende. Und hier in der Stadt schläft alles, und es ist Euch sowohl wie mir verboten, Menschen zu wecken, und zudem sind auch alle Läden ausverkauft.«
Sankt Nikolaus strich nachdenklich über seine von vier Falten durchzogene Stirn, neben der schon Löckchen glänzten, denn sein Bart begann dicht unter dem Rande seines schönen Hutes.
Ich brauche euch nicht zu erzählen, wie Cäcilie langsam immer bekümmerter wurde von all den Worten. Das reiche Schiff sollte nicht bei ihr stranden! Und auf einmal schoß es leuchtend durch ihr Köpfchen. Sie machte die Tür auf und stand in ihrem zerschlissenen Hemdchen auf der Schwelle.

Sankt Nikolaus und Knecht Ruprecht fuhren zusammen wie die Kaninchen. Doch Cäcilie schlug ehrerbietig ein Kreuz, stapfte mit ihren bloßen Füßchen in den Schnee und ging zu dem heiligen Kinderfreund. »Guten Tag, lieber Sankt Nikolaus«, stammelte das Kind. »Alles ist noch nicht ausverkauft ... bei Trinchen Mutser steht noch ein großes Schokoladenschiff vom Kongo ... wie sie die Läden vorgehängt hat, stand es noch da. Ich hab es gesehen!«
Von seinem Schreck sich erholend, rief Sankt Nikolaus erfreut: »Siehst du wohl, es ist noch nicht alles ausverkauft! Auf zu Trinchen Mutser! Zu Trinchen ... aber ach! ...«, und seine Stimme zitterte verzweifelt, »wir dürfen niemand wecken.«
»Ich auch nicht, Sankt Nikolaus?« fragte das Kind.
»Bravo!« rief der Heilige, »wir sind gerettet, kommt!«
Und sie gingen mitten auf der Straße, die kleine Cäcilie mit ihren bloßen Füßen voran, gerade nach der Eierwaffelstraße, wo Trinchen Mutser wohnte. In der Süßrahmbutterstraße wurde ihr Blick auf ein erleuchtetes Fenster gelenkt. Auf dem heruntergelassenen Vorhang sahen sie den Schatten von einem dürren, langhaarigen Menschen, der mit einem Büchlein und einer Pfeife in der Hand große Gebärden machte, und sein Mund ging dabei auf und zu.
»Ein Dichter«, sagte Sankt Nikolaus und lächelte.
Sie kamen vor Trinchen Mutsers Haus. Im Mondlicht konnten sie gut das Aushängeschild erkennen: »Zum verzuckerten Nasenflügel«.
»Weck sie rasch auf«, sagte Sankt Nikolaus. Und das Kindchen lehnte sich mit dem Rücken an die Tür und klopfte mit der Ferse gegen das Holz. Aber das klang leise wie ein Samthämmerchen. »Stärker«, sagte der schwarze Knecht. »Wenn

ich noch stärker klopfe, wird's noch weniger gehen, denn mein Fuß tut mir weh«, sagte das Kind.

»Mit den Fäusten«, sagte Knecht Ruprecht. Doch die Fäustchen waren noch leiser als die Fersen.

»Wart, ich werd meinen Schuh ausziehen, dann kannst du damit klopfen«, sagte Knecht Ruprecht.

»Nein«, gebot Sankt Nikolaus, »kein Drehn und Deuteln! Gott ist heller um uns als dieser Mondschein und duldet keine Advokatenkniffe.« Und doch hätte der gute Mann sich gern einen Finger abgebissen, um Cäcilie befriedigen zu können.

»Ach! aber den Kerl mit den Affenhaaren auf dem Vorhang«, rief Knecht Ruprecht erfreut, »den darf ich rufen, der schläft nicht!«

»Der Dichter! Der Dichter!« lachte Sankt Nikolaus. Und nun gingen sie alle drei schnell zu dem Dichter Remoldus Keersmaeckers.

Und kurzerhand machte Knecht Ruprecht kleine Schneebälle, die er ans Fenster warf. Der Schatten stand still, das Fenster ging auf, und das lange Gestell des Dichters, der Verse von den Göttern und Göttinnen des Olymps hersagte, wurde im Mondschein sichtbar und fragte von oben: »Welche Muse kommt, um mir Heldengesänge zu diktieren?«

»Du sollst Trinchen Mutser für uns wecken«, rief Sankt Nikolaus, und er erzählte seine Not.

»Ja, bist du denn der wirkliche Sankt Nikolaus?« fragte Remoldus.

»Der bin ich!« Und darauf kam der Dichter erfreut herunter, jätete allen Dialekt aus seiner Sprache, machte Verbeugungen und redete von Dante, Beatrice, Vondel, Milton und anderen Dichtergestalten, die er im Himmel glaubte. Er stand zu Diensten.

Sie kamen zu Trinchen Mutser, und der Dichter stampfte und rammelte mit so viel Temperament an der Tür, daß das Frauenzimmer holterdiepolter aus dem Bett stürmte und erschrocken das Fenster öffnete.
»Geht die Welt unter?«
»Wir kommen wegen dem großen Schokoladenschiff«, sagte Sankt Nikolaus, weiter konnte er ihr nichts erklären, denn sie war schon weg und kam wieder in ihrer lächerlichen Nachtbekleidung, mit einem bloßen Fuß und einem Strumpf in der Hand, und machte die Türe auf.
Sie steckte die Lampe an und ging sofort hinter den Ladentisch, um zu bedienen. Sie dachte, es müsse der Bischof von Mecheln sein.
»Herr Bischof«, sagte sie stotternd, »hier ist das Schiff aus bester Schokolade, und es kostet fünfundzwanzig Franken.«
Der Preis war nur zwanzig Franken, aber ein Bischof kann ja gern fünf Franken mehr bezahlen.
Aber nun platzte die Bombe! Geld! Sankt Nikolaus hatte kein Geld, das hat man im Himmel nun einmal nicht nötig. Knecht Ruprecht hatte auch kein Geld, das Kind hatte nur ein zerschlissenes Hemdchen an, und der Dichter kaute an seinem langen Haupt- und Barthaar vor Hunger – er war vier Wochen Miete schuldig.
Niedergeschlagen sahen sie einander an.
»Es ist Gott zuliebe«, sagte Sankt Nikolaus. Gerne hätte er seine Mitra gegeben, aber alles das war ihm vom Himmel geliehen, und es wäre Heiligenschändung gewesen, es wegzugeben.
Trinchen Mutser betrachtete sie finster.
»Tu es dem Himmel zuliebe«, sagte Knecht Ruprecht. »Nächstes Jahr will ich auch deinen ganzen Laden aufkaufen.«

»Tu es aus lauter Poesie«, sagte der Dichter theatralisch. Aber Trinchen rührte sich nicht, sie fing an zu glauben, daß es verkleidete Diebe seien.

»Schert euch raus! Hilfe! Hilfe!« schrie sie auf einmal. »Schert euch raus! Heiliger Antonius und Sankt Nikolaus, steht mir bei!«

»Aber ich bin doch selbst Sankt Nikolaus«, sagte der Heilige.

»So siehst du aus! Du hast nicht mal einen roten Heller aufzuweisen!«

»Ach, das Geld, das alle Bruderliebe vergiftet!« seufzte Sankt Nikolaus.

»Das Geld, das die edle Poesie verpfuscht!« seufzte der Dichter Keersmaeckers.

»Und die armen Leute arm macht«, schoß es der kleinen Cäcilie durch den Kopf.

»Und ein Schornsteinfegerherz doch nicht weiß klopfen machen kann«, lachte Knecht Ruprecht. Und sie gingen hinaus.

In der Mondnacht, die still war von Frostesklarheit und Schnee, tönte das »Schlafet ruhig« hart und hell vom Turm.

»Noch einer, der nicht schläft«, rief Sankt Nikolaus erfreut, und sogleich steckte Knecht Ruprecht auch schon den Fuß zwischen die Tür, die Trinchen wütend zuschlagen wollte.

»Haltet ihr mir die Frau wach«, sagte der schwarze Knecht, »ich komme sofort zurück!« Und damit stieß er die Tür wieder auf, und zwar so heftig, daß Trinchen sich plötzlich in einem Korb voll Zwiebeln wiederfand.

Und während die andern aufs neue hineingingen, sprang Knecht Ruprecht auf das Eselchen, sauste wie ein Sensenstrich durch die Straßen, hielt vor dem Turm, kletterte an

Zinnen, Vorsprüngen und Zieraten, Schiefern und Heiligenbildern den Turm hinauf bis zu Dries Andijvel, der gerade »Es wollt ein Jäger früh aufstehn« auf seiner Geige kratzte. Der Mann ließ Geige und Lied fallen, aber Knecht Ruprecht erzählte ihm alles.
»Erst sehen und dann glauben!« sagte Dries. Knecht Ruprecht kriegte ihn am Ende doch mit hinunter, und zu zweit rasten sie auf dem Eselchen durch die Straßen nach dem »Verzuckerten Nasenflügel«.
Sankt Nikolaus fiel vor dem Nachtwächter auf die Knie und flehte ihn an, doch die fünfundzwanzig Franken zu bezahlen, dann solle ihm auch alles Glück der Welt werden.
Der Mann war gerührt und sagte zu dem ungläubigen, hartherzigen Trinchen: »Ich weiß nicht, ob er lügt, aber so sieht Sankt Nikolaus doch aus in den Bilderbüchern von unsern Kindern und im Kirchenfenster über dem Taufstein. Und wenn er's nun wirklich ist! Gib ihm doch das Schiff! Morgen werde ich dir's bezahlen ...!«
Trinchen hatte großes Vertrauen zu dem Nachtwächter, der aus ihrer Nachbarschaft war. Und Sankt Nikolaus bekam das Schiff.
»Jetzt geh nur schnell nach Hause und leg dich schlafen«, sagte Sankt Nikolaus zu Cäcilie. »Wir bringen gleich das Schiff.«
Das Kind ging nach Hause, aber es schlief nicht, es saß am Kamin mit dem Kissen auf den Ärmchen und wartete auf das Niedersinken des Schiffes.
Der Mond sah gerade in das armselig-traurige Kämmerchen.
Ach, was sah Cäcilie da auf einmal!
Dort auf einem glitzernden Mondstrahl kletterte das Eselchen in die Höhe mit Sankt Nikolaus auf seinem Rücken, und

Knecht Ruprecht hielt sich am Schwanz fest und ließ sich mitschleifen. Der Mond öffnete sich; ein sanftes, großes Licht fiel in funkelnden Regenbogenfarben über die beschneite Welt. Sankt Nikolaus grüßte die Erde, trat hinein, und wieder war da das gewöhnliche grüne Mondenlicht.
Die kleine Cäcilie wollte weinen. Knecht Ruprecht oder der gute Heilige hatten das Schiff nicht gebracht, es lag nicht auf dem Kissen.
Aber siehe! Was für ein Glück, das Schiff, die »Kongo«, stand ja da, in der kalten Asche, ohne Delle, ohne Bruch, strahlend von Silber, und rauchte für mindestens zwei Groschen weiße Watte aus beiden Schornsteinen! Wie war das möglich? Wie konnte das so in aller Stille geschehen …?
Ja, das weiß nun niemand, das ist die Findigkeit und die große Geschicklichkeit vom Knecht Ruprecht, und die gibt er niemand preis.

WENN'S WIEDER GESCHÄHE –
WIE VOR LANGER ZEIT

MARIE LUISE KASCHNITZ

Wenn's wieder geschähe – wie vor langer Zeit

Der heilige Joseph stand in Rom, in der Krippenausstellung, beinahe lebensgroß und aus Holz geschnitzt. Er trug keinen lockigen Greisenbart, er lächelte nicht gütig, er hob die Hände nicht anbetend empor. Die Gruppe, zu der er einmal gehört hatte, war abhanden gekommen.
Er war allein, solange die Menge der Besucher an ihm vorbeiströmte, und noch mehr, als mit dem fortschreitenden Abend die Säle sich leerten. Und wahrscheinlich erreichte seine Einsamkeit den Höhepunkt, als in der Weihnacht die Ausstellung geschlossen wurde, als die Lichter gelöscht waren und statt der Schritte und Stimmen der Menschen andere geheimnisvolle Geräusche sich erhoben.
Zu dieser Stunde nämlich begannen sich auf all den kleinen Krippenbühnen die Gestalten zu bewegen. Die Hirten erhoben ihre Stäbe, die Obstverkäuferinnen in den kleinen Bogenhallen beugten sich vor, und die Heiligen Drei Könige trieben ihre Reittiere an. Überall ertönten die eindringlichen Klänge von winzigen Dudelsäcken und die Stimmen der kleinen Wachsengel, die sich an ihren Fäden bewegten und sangen.
Und dann geschah es auch dem alten heiligen Joseph, daß er erwachte und sich langsam von den Knien erhob. Dieser heilige Joseph war ohne Zweifel ein sehr trauriger Mann, und wenn er, wie die andern, zum Bewußtsein kam, konnte er nur zum Bewußtsein seiner Traurigkeit kommen. Er hatte einmal, vor sehr langer Zeit, mit seiner Frau Maria in Bethlehem Unterkunft gesucht, und die alten Bekannten hatten

sich alles andere als freundlich benommen. In einem Stall war schließlich das Kind zur Welt gekommen, von dem Maria wußte, daß es Gottes Kind war. Maria war sehr glücklich gewesen, aber er selbst hatte das Kind betrachtet und die unangenehmsten Vorgefühle gehabt. Die Menschen, hatte er gedacht, sind böse und habgierig, sie werden sich nicht ändern um dieses kleinen Kindes willen.

Einen Augenblick lang war auch ihm wunderlich zumute gewesen, und zwar als das Licht des großen Sternes durch eine schadhafte Stelle im Dach gerade auf die Krippe fiel. Da hatte er eine Stimme sehr Sonderbares erzählen hören: von Apfelbäumen, die im Winter blühen, von Rosenknospen, die im Schnee aufbrechen, von Flüssen, die Wein statt Wasser führen, und von Quellen, aus denen Honig springt. Er hatte das alles auf des Kindes Leben bezogen, aber das war dann ein recht ärmliches geworden und hatte am Kreuz geendet.

An das alles dachte der alte Joseph, als er sich in der Krippenausstellung von den Knien erhob. Ich will doch sehen, dachte er, wie es jetzt zugeht, wo schon zwei Jahrtausende vergangen sind. Ich will sehen, ob es noch immer Kriegsknechte gibt, und hartherzige Wirte und Mütter, die sich um ihrer Söhne willen die Augen aus dem Kopfe weinen.

Er ging durch den nächsten Saal und betrachtete ein wenig herablassend seine Namensbrüder, die so demütig lächelten und dem Kinde die Windeln hielten. Und dann machte er ein paar raschere Schritte und gelangte durch einen Säulenhof auf die Straße hinaus.

Dort erregte seine Erscheinung nicht das geringste Erstaunen. Er sah genau aus wie einer der vielen alten Männer, die ihr Leben lang schwer gearbeitet haben und deren Rücken krumm und deren Glieder steif geworden sind. Er wurde gestoßen und geschoben von der Menge, die dem Weihnachtsmarkt zustrebte, und als er dort angelangt war, sah er sich voller Verwunderung um. Denn überall auf dem langen Platz standen Buden voll glitzernder, funkelnder Dinge. Um den Platz herum fuhren mit großer Geschwindigkeit Wagen ohne Pferde, und über den Buden erhoben sich hohe Paläste, in deren Sälen vor gemalten Sommerlandschaften Tausende von Lichtern brannten. Die verschlungenen Stäbe der Kirchengitter zeigten die Namenszüge der Maria und des Kindes, und auf dem Marmorbrunnen hoben wilde Flußgötter zwischen Palmen und Meeresrosen ihre Hände zu der Taube des Heiligen Geistes empor. Es war alles nicht mit Nazareth und nicht einmal mit Jerusalem zu vergleichen, und einen Augenblick hatte der alte Joseph die Vorstellung, er befände sich im Paradies.

Aber diese glückliche Stimmung hielt nicht lange an. Wenn dies das Paradies ist, dachte Joseph von Nazareth, so müssen auch die Menschen anders geworden sein. Dann könnte so etwas wie in den Gasthöfen von Bethlehem nicht mehr vorkommen. Er beschloß, diese paradiesischen Menschen mit seiner alten Geschichte auf die Probe zu stellen. Und natürlich bestanden die Leute, die er um ein Nachtlager, um Essen und Trinken und um bunte Bälle für den kleinen Jesus anging, diese Probe nicht.

Der Türhüter des fürstlichen Palastes tippte sich an die Stirn, der Wurstverkäufer schalt über die Bettelei, und der Besitzer der bunten Bälle schüttelte sich vor Lachen, daß der alte Mann eines Neugeborenen Vater sein sollte. Und nun mit einemmal veränderte für den alten Joseph der ganze Platz sein Gesicht. Die Fahrzeuge schossen so bedrohlich und wild dahin, als hätten sie es darauf abgesehen, den alten Mann zur Strecke zu bringen, das metallene Spielzeug an den Ständen funkelte böse, und unter dem scharfen Knall der Büchsen sanken die hübschen Puppen an der Schießbude traurig hin.

Der alte Joseph fragte, was dies und jenes zu bedeuten habe, und er gewann den Eindruck, daß all die bunten Dinge Kriegsspielzeuge seien und daß die Menschen nichts anderes im Sinn hätten, als so schnell als möglich dahinzurasen und sich gegenseitig ein Leid anzutun. Er fragte nicht mehr, sondern setzte sich auf die Kirchentreppe, gerade neben einen großen Tannenbaum, der dort lehnte und der ebenso trotzig und ebenso einsam aussah wie er selbst. Und weil er es müde war, mit den Menschen zu sprechen, redete er den schwarzen Tannenbaum an. Du hast einen schönen Stamm, sagte der alte Zimmermann.

Aber der Baum bewegte seine Zweige unwillig. Ich bin nicht meines Stammes wegen hier, sagte er. Ich bin ein Christbaum, der nicht verkauft worden ist. Ein überflüssiges Ding.

Bei diesen Worten horchte der alte Joseph auf und sah den Tannenbaum nachdenklich an. Ich weiß nicht, sagte er, warum du dich darüber grämst, kein Christbaum zu sein. Seit der Geburt des kleinen Jesus ist nichts besser geworden.

Der Baum wiegte seine Zweige bedenklich hin und her.

Und dann erzählte er dem alten Joseph von den Wäldern des Nordens, aus denen er stammte. Er erzählte ihm von den wilden, trotzigen Seelen, die dort in der Weihnachtszeit wie ein zorniges Heer durch die Täler schweifen und die Weihnachtslieder in den Dörfern mit ihrem Gesang zu übertönen versuchen.

Und was geschieht ihnen? fragte der alte Joseph erschrokken.

Aber statt zu antworten, neigte der Baum seinen Wipfel, und als der alte Zimmermann ihm mit dem Blick folgte, sah er einen kleinen Knaben, der zwischen den nächtlichen dunklen Buden daherkam und gerade auf sie zu. Es war ohne Zweifel ein kleiner römischer Knabe, aber weil er nur ein kurzes weißes Kittelchen anhatte und überaus freundlich lächelte, hielt ihn der alte Joseph für das Jesuskind, und der Tannenbaum schien derselben Meinung zu sein.
Man sollte ihm etwas schenken, sagte er aufgeregt.
In diesem Augenblick fiel dem alten Joseph, der sich an diesem Abend schon an soviel erinnert hatte, noch etwas ein. Er sah sich selbst und Maria und Jesus in dem zerfallenen Stall in Bethlehem, über dem auch ein Nadelbaum stand. Auch dieser Baum hatte sprechen können, und auch dieser Baum hatte, wie die Palme und der Ölbaum, dem Kinde etwas schenken wollen. Aber er hatte es nicht gewagt, weil er finster, trotzig und stachlig war. Er hatte ganz steif dagestanden, und das Kind Jesus hatte zu ihm aufgeschaut und seine Arme zum Himmel erhoben. Es hatte eine Menge kleiner Sternchen aus dem Himmel herabgezogen und sie dem Baum übergehängt. Und damit war Licht im Stall gewesen, lauter strahlendes Licht.
Der heilige Joseph dachte an die alte Geschichte.
Wenn das wieder geschähe, dachte er. Wenn das wieder geschähe.
In diesem Augenblick begannen alle Glocken der großen Stadt Rom zu läuten, und die elektrischen Straßenlaternen gingen aus.
Der alte Joseph dachte an die trotzigen, zornigen Seelen, die jetzt in den fernen Wäldern dahintreiben mußten, und an die großen Engel, die, wie er meinte, hier an die Glocken schlu-

gen. Er fühlte, wie ihm das Wasser in die Augen stieg, und obwohl er sich darüber ärgerte, konnte er die Tränen doch nicht zurückhalten. Er sah das Kind vor dem Tannenbaum stehen und die Arme bewundernd erheben.

Und dann sah er in der plötzlichen Dunkelheit auch die glitzernden Sterne am Himmel, und weil seine Augen voll Tränen standen, schienen sie ihm herabzustürzen und mitten in den Zweigen des Tannenbaumes zu schweben. Er hörte wieder die Stimme, die von Honigquellen und Weinflüssen sprach, und war überzeugt davon, daß zwischen damals und heute nur wenig Zeit vergangen war, nur ein ganz unwesentlicher Bruchteil Zeit.

Ich bin ganz sicher, daß in diesem Augenblick der alte Joseph wieder auf die Knie sank. Ich glaube auch, daß er nun langsam wieder zu Holz wurde, aus dem er vor vielen Jahrhunderten geschnitzt worden war. Aber wie er zurück in die Krippenausstellung gekommen ist, das weiß ich nicht.

ALEXANDROS PAPADIAMANTIS

Geschenke auf Schwingen

Ein Engel Gottes, dem die Welt der Berechnungen und Begierden fremd war, stieg am letzten Tag des Jahres aus den Höhen herab, schlug seine Flügel zusammen und verbarg sie. Er brachte den Bewohnern der Hauptstadt, deren Schutzengel er war, Geschenke mit aus dem Reich des Herrn.

In der Hand hielt er einen Stern, aus seiner Brust pulsierte Leben und Kraft, und seinem Mund entstieg der Odem göttlichen Seelenfriedens. Diese drei Geschenke wollte er all denen überreichen, die sie willig entgegennähmen.

Zuerst ging er in ein herrschaftliches Haus. Dort sah er die Lüge und Scheinheiligkeit, den Stumpfsinn und Leerlauf des Lebens, wie sie dem Mann und der Frau ins Gesicht geschrieben waren, und er hörte die beiden Sprößlinge Worte in einer unbekannten Sprache stammeln. Der Engel mit seinen drei Himmelsgeschenken machte sich eilends fort.

Er kam zur Hütte des Armen. Der Mann verbrachte seine Abende im Wirtshaus. Die Frau mühte sich ab, fünf Kinder mit einem Bissen trockenen Brotes zum Schlafen zu bringen und verfluchte den Tag, an dem sie sich verehelicht hatte. Um Mitternacht kam das Gespons zurück; von dem aufgebrachten Weibe übel beschimpft, schlug er mit einem knorrigen Stock auf sie ein, und nicht viel später legten sich beide ohne Nachtgebet schlafen und schnarchten bald laut und schwer. Der Engel machte sich fort.

Er betrat ein großes, festlich erleuchtetes Gebäude. Dort gab es viele Zimmer mit Tischen, über die Menschen sich beugten und kartenspielend ohn' Unterlaß Geld zählten. Sie sahen fahl und trübsinnig aus, waren jedoch mit Herz und Seele bei der Sache. Der Engel schlug seine Flügel vors Gesicht, um nichts mehr sehen zu müssen, und lief rasch davon.

Auf der Straße traf er viele Menschen, die schwer vom Wein aus den Schenken kamen, andere, schlimmer betrunken, aus den Spielhöllen. Er sah die einen, wie sie sich unschicklich benahmen, die anderen, wie sie dem heiligen Basilius, dessen Festtag anstand, mit Lästerworten die Schuld zuschoben. Der Engel bedeckte die Ohren mit den Flügeln, um nichts mehr hören zu müssen, und ging vorbei.

Schon brach der erste Tag des neuen Jahres an, und trostsuchend betrat der Engel eine Kirche. Direkt am Tor sah er Menschen Münzen zählen, einzig, daß sie keine Spielkarten in den Händen hielten; und im Hintergrund erblickte er eine goldgeschmückte Gestalt, die trug eine Mitra auf dem Kopf wie ein persischer Satrap aus der Zeit des Großkönigs Dareios und gebärdete sich geziert und gespreizt. Rechts und links sangen ein paar Leute mit gekünstelter Stimme: *Sehet den Bischof, den Hohenpriester!*

Der Engel fand keinen Trost. Er nahm die auf Schwingen mitgeführten Geschenke – den Stern, dazu bestimmt, der Menschen Geist zu erhellen, den Odem, der in der Lage war, Seelen Linderung zu bringen, und das Leben, dafür geschaffen, in der Menschen Herzen zu schlagen, spannte seine Flügel auf und kehrte heim in die himmlischen Höhen.

EMMY BALL-HENNINGS

König Salomos Zepter und die Krone der Königin von Saba

Vor vielen, vielen Jahren wurde einmal in unserer Gegend, in Montecornioli, ein Greis mit langem Haupthaar und mit einem schlohweißen Bart gesehn, der dem Manne bis zum Gürtel reichte. Bekleidet war der Fremde mit einem seidenen Kapuzenmantel, und auf dem Kopfe soll er einen recht bunten Turban aus kostbarem bunten Stoff getragen haben. Er kam geritten auf einem weißen Maulesel. Ein schwerbeladener, doch völlig mit weißem Segeltuch bedeckter Wagen folgte ihm. Dieser Wagen wurde von fünf Männern, die Lanzen trugen, begleitet, und die Lanzenträger duldeten nicht, daß jemand sich dem Wagen näherte. Dem Wagen folgte noch ein Mann, der auch einen Kapuzenmantel trug, doch war er alles in allem viel einfacher gekleidet als der Anführer des Zuges. Ihr könnt euch wohl vorstellen, wie erstaunt die Leute von Montecornioli waren, die ja ohnehin den lieben langen Tag über nicht grad viel Neues zu sehen bekommen. Leider ließen sich die wunderlichen Fremdlinge nicht ansprechen und also auch nicht nach dem Woher und Wohin befragen. Die Montecornioler konnten dem Aufzug nur höchst verdutzt nachsehen, und es hat sich nur feststellen lassen, daß die seltsame Karawane bergan strebte und in der Nähe des Gipfels, offenbar innerhalb einer Höhle, mit Wagen und Maulesel und dem ganzen Drum und Dran verschwunden war. Gut, das war das. Ja, jetzt wußten die Dorfbewohner etwas Neues und auch wiederum nicht genug Neues. Den ganzen Abend über saß man vor den Haustüren, um sich über die höchst

rätselhafte Erscheinung zu unterhalten. Man hatte ja nicht die leiseste Ahnung, was das alles zu bedeuten hatte. Man zerbrach sich vergeblich den Kopf, aber das gefiel denen von Montecornioli nicht übel.
Am nächsten Morgen gingen manche sogleich vors Haus, nur um zum Berggipfel hinanzusehen. Die herrliche Sonne sahen sie freilich jeden Tag hinter den Bergen am Himmel emporsteigen, aber dieses schöne Morgenwunder war es nicht allein, das die Augen der Leute fesselte. Nein, es war noch etwas anderes. Nämlich mitten in den Strahlen der Frühsonne, genau an jener Stelle, an der tags zuvor die merkwürdige Erscheinung verschwunden war, erblickte man ein kleines Haus, ein richtiges Haus mit Fenstern, Türen, sogar mit einem Schornstein auf dem Dach, kurzum, ein Haus, und zwar eines, das niemals vorher dagewesen war. Das war hingewundert. Wie hingeträumt lag es da, und alle Leute rieben sich die Augen, kniffen sich in den Arm, gaben sich sogar gegenseitig kleine Ohrfeigen, nur um sich zu vergewissern, daß sie nicht träumten. Sie rüttelten und schüttelten sich, um sich allenfalls wach zu bekommen, aber sie waren wach und blieben wach. Und das Haus blieb sicher stehen, wo es stand. Man sah deutlich, die Läden waren geschlossen, und um das Haus herum war den ganzen Tag über kein menschliches Wesen zu erblicken. Und am nächsten Tag war es genau dieselbe Geschichte. Man versäumte viel Zeit in Montecornioli, und wer nur wenige Minuten Zeit hatte, benutzte diese sicherlich, um zum Berghaus hinanzustarren, weil man der Meinung war, es würde genauso plötzlich verschwinden, wie es entstanden war. Das Haus blieb aber stehen, wo es stand.
Das konnte nicht mit rechten Dingen zugehen. Man wagte sich nicht recht hinauf, man hatte ein bißchen Angst. Mit

dem Mundwerk war man weniger ängstlich, und sehr bald hatte sich die Wundergeschichte in der ganzen Gegend verbreitet. Die Leute von Poppi und Bibiena ließen die Heuernte im Stich, um sich in Montecornioli sorglich über die näheren Umstände des Zauberhauses unterrichten zu lassen, doch wußte einer genausowenig wie der andere. Da blieb denn freilich nichts anderes übrig, als hinaufzusteigen, um wenigstens das Haus einmal in der Nähe zu betrachten. Wie geplant, so ausgeführt. Vielleicht zwölf beherzte Männer und Burschen machten sich auf den Weg, doch als sie an das Haus kamen, fanden sie es verschlossen. Man klopfte bescheiden an die Tür, aber niemand rief: »Herein!« Die Neugierigen legten ihr Ohr an das Schlüsselloch und glaubten, das feine Klirren von Münzen zu hören. Auch wähnte man Stimmen in einer leider unverständlichen Sprache zu vernehmen. Da man nichts in Erfahrung bringen konnte, tastete man wenigstens die Mauern des Hauses ab und stellte fest, daß es solide gebaut war wie jedes andere Haus, das zu errichten aber wenigstens einige Monate Arbeit in Anspruch genommen hätte. Ja, und dies hier war in einem Augenblick entstanden. Die Einwohner von Romena und Carvecchio kamen, die von Stia und die von Algo, aus der ganzen Umgebung kam man hinauf; doch niemandem gelang es, in das Haus zu dringen, und Gewalt anzuwenden wagte man nicht. Da man nun doch nicht hinter das Geheimnis kommen konnte, ließ man es allmählich auf sich beruhen und gewöhnte sich an den Anblick des Wunderhäuschens.

Als der Winter ins Land zog, lag das Haus, wenn auch recht eingeschneit, noch immer an gleicher Stelle. Man sprach zwar noch manchmal davon, doch war man sich darüber einig geworden, das Rätsel nicht eigenmächtig ergründen zu wollen.

Nur einen gab es im Dorf, den die Neugierde nicht zur Ruhe kommen ließ, und der für sich beschloß, der Sache auf den Grund zu gehen. Es war Turno, ein kühner Bursche von siebzehn Jahren, der einzige Sohn einer braven Witwe, der zusammen mit seiner Mutter ein bescheidenes Bauernhaus in Montecornioli bewohnte. Es braucht wohl kaum erwähnt zu werden, daß Turno seiner Mutter von seinem Vorhaben kein Sterbenswörtchen sagte. Die brave Frau wäre sicherlich nicht damit einverstanden gewesen, daß ihr Turno, noch dazu in einer mondlosen, völlig dunklen Nacht, sich zum einsamen Geisterhaus hinbegab. Nein, die Mutter, die tagsüber genug in Haus und Stall zu tun hatte, schlief fest und ruhig, als Turno leise das Haus verließ. Er hatte sich ein Laternchen, Licht und Streichhölzer mitgenommen. Um die Hüften hatte er sich ein Seil gebunden in der Annahme, er würde es brauchen können. Im Gürtel hing ihm ein großes, starkes, handfestes Krummesser. So ausgestattet, machte sich Turno auf den Weg.

Es war wahrlich kein Vergnügen, sich in stockfinsterer Nacht den Wind um die Ohren wehen zu lassen. Im Wald schlugen die dürren Zweige der entlaubten Bäume wie klappernde Knochen aneinander, aber jetzt konnte Turno es sich nicht leisten, Angst zu haben. Wer A sagt, muß auch B sagen. Das begonnene Unternehmen, sei es auch noch so ungemütlich, mußte ausgeführt werden. Als Turno nach beschwerlichem Wege endlich am Ziel war, blickte er zunächst wie alle andern mit einem Auge durchs Schlüsselloch. Die Nacht schien im Häuschen genauso finster zu sein wie draußen. Turno probierte es mit dem andern Auge, doch dieses vermochte auch nicht mehr als sein Brüderchen zu erkennen. Es kam dem Turno vor, als habe er noch nie eine so pechschwarze Nacht gesehen wie diese. Nur das Klimpern der Münzen klang ihm recht gemütlich und verführerisch in die Ohren. Da wird Geld gezählt, dachte sich Turno, und sicherlich wird es sich hier nicht nur um Rappen handeln, sondern um Franken, wenn nicht gar um Gold. Da begann Turno die Geldzähler um ihre angenehme Beschäftigung zu beneiden. Da er sich aber nicht traute, die Tür aufzubrechen, ja nicht einmal anzuklopfen wagte, schwang er sich geschickt auf das Dach des niedrigen Hauses und versuchte hier, von oben durch den Schornstein zu blicken. Er bemerkte einen schwachen Lichtschein, der nur die Asche im Kamin erhellte. Das war wenig genug. Es läßt sich leicht denken, daß es auch sonst oben auf dem Dach, wo der Wind von allen Seiten wehte, alles andere als behaglich war; aber da er es ja nicht anders gewollt hat, kann man wenig Mitleid für ihn aufbringen. Oder geht es einem von euch etwa besser? Turno kauerte sich an einer Stelle des Schornsteins nieder, wo es ihm vorkam, als bliese der Wind nicht gar so grausam, und in dieser Position gedachte er abzuwarten. Er sagte sich: »Einmal werden die Geldzähler wohl auch müde und müssen zu Bett gehen, wie es bei ordentlichen Leuten üblich ist. Sobald dies geschehen ist und sie eingeschlafen sein werden, will ich mein Seil um den Schornstein schlingen, mich durch den Kamin hinabgleiten lassen, und dann werde ich mit dem Geldzählen an der Reihe sein. Es muß gewiß eine sehr hohe Summe sein, da die Zählerei kein Ende nehmen will. Nun, man muß auch warten können, wenn man es zu etwas bringen will.«

Turno wartete und wartete, fühlte sich allmählich trotz der großen Kälte schläfrig und war schon nahe am Einnicken. Da plötzlich wurde er von einem strahlend-hellen Licht überrascht, das von unten aus dem Schornstein heraufstieg, und beinahe in derselben Minute erschien vor Turnos erstaunten Augen eine helle Gestalt, die er des strahlenden Lichtes wegen nicht gleich erkennen konnte. Alsbald jedoch sah er die Erscheinung in der Luft schweben. Turno, starr vor Verwunderung, hielt den Atem an. Oh, so etwas Schönes hatte er in seinem ganzen Leben noch nicht gesehen! Ein Engel war es, ein wunderschöner Engel in einem schneeweißen Gewand, das aus Flor und Duft gewoben schien, während die großen Flügel vor lauter Licht in den zartesten Farben zu beben schienen. Da Turno, von diesem Anblick völlig benommen, dem herrlich schwebenden Engel nachsah, der sich in die Nacht verlor und doch die Nacht so freundlich erhellend, hatte er nicht bemerkt, wie in rascher Folge eine ganze Schar dieser wundersamen Lichtvögel aufgetaucht war, die in verschiedenen Richtungen den Dörfern zuflogen. Ein unsagbar feines, melodienreiches Klingen und Singen drang an Turnos Ohr. Es war das Hosianna der Engel, das er vernahm.

Oh, sollte man nicht annehmen, daß Turno, nachdem er so etwas Liebliches hatte erblicken dürfen, sein bedenkliches Vorhaben nunmehr aufgeben würde? Leider, leider hatte Turno gar nicht daran gedacht, daß es die Christnacht war, die er sich für sein vorwitziges Tun ausgesucht hatte. Dies zwar nicht absichtlich, aber als er die Engel sah, fiel ihm gleich die Heilige Nacht ein, in der das Christkind doch auch für Turno wie für alle Menschen einmal geboren wurde. Ja, es fiel ihm schon ein, doch verscheuchte er den Gedanken. Er wollte nicht den beschwerlichen Weg umsonst gemacht haben, wollte durchaus seine Neugierde, womöglich auch seine Habsucht, befriedigen. Er hörte nicht auf die Stimme des Gewissens, die zugleich die Stimme unseres Schutzengels ist. Wie gut wäre es gewesen, wenn er der leisen Mahnung gefolgt hätte. Er aber hörte nur auf die Verlockung des Bösen, das uns meistens viel einschmeichelnder und angenehmer klingt als das Gute, das sich nur schlicht äußert.

Nun aber, sehen wir zu, wie die Geschichte weitergeht. Kaum waren die Engel Turnos Blicken entschwunden, als er auch schon sein Seil am Schornstein festband, und bei seiner großen Geschicklichkeit war es ihm ein leichtes, in das Innere des Häuschens zu gelangen. Unten angekommen, zündete er sich zunächst sein Laternenlicht an und hielt Umschau. Er befand sich in einem erstaunlich großen Raum, dessen Weite und Breite in keinem Verhältnis zur Kleinheit des Hauses stand, wie man es von draußen sah. War das Haus nur eine Täuschung? War es nur ein Vorbau, der zu viel größeren Räumen führte? Im ersten Raum war nichts von Geld zu entdecken. Nirgends war ein Tisch oder ein Stuhl, nichts, was an eine menschliche Behausung erinnern konnte. Von der Decke herab hingen viele Eiszapfen, gleich Kristallen aneinandergereiht, doch konnte Turno nicht darüber ins klare kommen, ob dies natürliche Eiszapfen oder edle Steinkristalle waren. Der kostbare Schimmer jedoch verwirrte ihn, und ein starkes Verlangen nach Reichtum und Glanz stieg in seiner Seele auf. Dennoch versagte er sich, einen der Kristalle zu berühren, obwohl er die Herrlichkeit mit seinen Händen hätte erreichen können.

Da er zunächst die Räume zu erforschen gedachte, öffnete er eine Tür, durch die er in die eigentliche Höhle des Berges gelangte. Er durchschritt einen schönen, hell erleuchteten Saal, und es ließ sich nicht feststellen, woher das Licht kam. Weil der Saal vollkommen leer war, hielt Turno sich hier nicht auf, sondern ging weiter, durch eine zweite Tür hindurch, und kam in einen Saal, der noch heller war als der vorige. Und hier nun sah Turno auf einem Throne jenen Greis in tiefem Schlafe sitzend, der seinerzeit den seltsamen Zug von Montecornioli angeführt hatte. Turno begann an allen Gliedern zu zittern. Er befürchtete, der alte Mann könne erwachen und ihn, Turno, als einen frechen Eindringling zur Rede stellen. Turno zog daher seine Schuhe aus, um beim Gehen nur ja kein Geräusch zu verursachen. Er bemühte sich sogar, auf den Zehenspitzen zu gehen, schlich sich zu den vielen Truhen, die nebeneinander nahe den Wänden aufgestellt waren. Jede Truhe hatte einen mit schmalen Goldleisten eingefaßten Glasdeckel, so daß Turno schon von außen sehen konnte, was ungefähr die Truhen an Schätzen bergen mochten. Das war natürlich sehr angenehm, daß man sofort Überblick hatte, doch war diese Einrichtung nicht etwa Turnos wegen angebracht worden, aber das hätte ich wohl kaum zu sagen brauchen. Ja, hier krimmelte und wimmelte es nur so von Glanz und Geschmeide, und Turno mit seinen einzigen zwei Augen hatte wahrhaftig genug zu tun, diesen schier unmenschlichen Reichtum, der hier aufgestapelt war, zu bewältigen. Mein Gott, was war da alles beisammen! Die Damen von zwanzig königlichen Hochzeiten hätten sich mit diesem Schmuck zieren können und hätten dann immer noch zuviel gehabt. Da gab's Broschen mit köstlichen Steinen, die in sämtlichen Regenbogenfarben leuchteten, Ringe mit Steinen, die wie Blitze funkelten. Edelsteine, die wie Sonnen strahlten, Sonnen von unermeßlichem Werte. Halsbänder aus Türkisen und Korallen, Armbänder, die an das reine Licht des Mondes erinnerten, Perlen, die wie Tautropfen auf Blumen in der Frühsonne schimmern, kurzum, es war unbeschreiblich schön, und was die Fülle der Kleinodien anbetraf, war gar kein Ende abzusehen.

Zwei Truhen erregten die besondere Aufmerksamkeit Turnos. Die eine war mit nußgroßen Saphiren ausgelegt. An der Innenwand war in geschliffenen Türkisen der Name »Salomo« zu lesen. Auf dem Boden der Truhe lag auf dunkelrotem Sammetkissen ein Zepter aus edelstem Golde und mit den herrlichsten Edelsteinen besetzt. In der andern Truhe lag auf rosafarbenem Sammetkissen eine märchenhaft schöne Goldkrone, deren sieben hohe Zacken mit Smaragden besetzt waren. Turno stand wie geblendet vor diesem Traum von Schönheit.

Er hatte von frühester Kindheit an ein recht ärmliches Leben geführt. Er hatte, wie dies ja bei Bergbewohnern oftmals vorkommt, auch schon Hunger gelitten. Und jetzt sah der arme Bursche so viele Kostbarkeiten hier ausgebreitet, von denen vielleicht der Erlös eines Armbandes genügt hätte, um zeitlebens niemals Not zu leiden. Wenn man nur ein paar Stücke zu Geld machen könnte, so dachte Turno, wie viele arme Menschen würde man beglücken können! Turno warf einen scheuen Blick auf den schlafenden Greis, der indessen nicht im entferntesten ans Erwachen zu denken schien. Gestorben war er jedenfalls nicht, denn Turno vernahm seine tiefen, regelmäßigen Atemzüge. Da überlegte Turno es sich nicht länger, ging zu einer der Truhen, hob mühelos den Deckel empor und griff eine Handvoll Edelsteine heraus, die er in die Tasche gleiten ließ. Dann überlegte er sich, ob er noch einen zweiten Griff wagen solle, ließ es aber bei dem einen bewenden, und so ging er bei seinem Diebstahl wenigstens mit einer gewissen Bescheidenheit vor.

So, jetzt würde alle Not mit einem Schlage ihr Ende erreicht

haben. Die Mutter konnte von nun an in Samt und Seide gehn, konnte einen Federhut tragen, wenn sie Verlangen danach trug, aber wir werden später sehen, ob Turnos Mutter Lust auf Federhüte und Sammetkleider hatte, die noch dazu von gestohlenem Gut herrührten. Ein paar himmelblaue Steine an einer feinen Goldkette machten Turno den Eindruck, als hätten sie nichts dagegen, mitgenommen zu werden, und drum ließ er diese, und noch ein paar Goldringe dazu, in die andere Tasche gleiten. Vielleicht, man möchte es hoffen, geschah dies weniger aus Habsucht, als um das richtige Gleichgewicht auf beiden Seiten herzustellen. Dann aber verließ Turno, etwas rascher, als er gekommen war, den Saal, den tüchtigen Wächter in tiefem Schlafe zurücklassend. Da gab's natürlich kein Lebewohl und auf Wiedersehn.
Kaum war Turno auf dem Dache angelangt, als er in der Luft abermals die vielen Engel schweben sah, aber ihr zartes »Hosianna« ging ihm diesmal sehr zu Herzen. Die Engel bewegten sich fliegend auf das Häuschen zu, und am liebsten hätte Turno die geraubten Sachen wieder an Ort und Stelle gebracht. Schon begann er seine Tat zu bereuen, doch hielt ihn eine falsche Scham zurück, das Unrecht wiedergutzumachen. Er fürchtete, die Engel könnten ihn auf dem Dache bemerken, und als er das Rauschen der Flügel vernahm, sprang er eilends hinab. Er stolperte beim Hinabspringen, fiel, stand auf und fiel abermals. Er spürte eine Schwäche in den Gliedern, als sei er schwerkrank. Seine Schuhe hatte er im Saal der Kostbarkeiten vergessen, und so mußte er auf den Socken den Heimweg antreten. Eisigkalt war es ihm an den Füßen, aber noch kälter im bedrängten Herzen. Mehr tot als lebendig kam er nach drei Uhr in der Nacht daheim an. Die Mutter hatte indessen keinen rechten Schlaf finden können,

weil sie in großer Sorge um ihren Sohn war. Da sie, als sie ihn kommen hörte, ihn im Hausflur empfing, fiel ihr zwar nicht auf, daß er keine Schuhe an den Füßen trug, doch sah sie beim matten Schein des Kerzenlichtes sein verstörtes Gesicht.

»Turno, sag mir einmal, wo du heute nacht gewesen bist«, sagte die Mutter in strengem Ton.

»In der heiligen Messe«, entgegnete Turno kurz.

»Daß du nicht die Wahrheit sagst, wirst du selbst am besten wissen«, erwiderte die Mutter.

»Ich weiß nur, daß ich müde bin und schlafen muß. Laß mich in Ruh', Mutter. Gute Nacht.«

»Ja, gute Nacht, sehr gute Nacht sogar, und guten Morgen wird man dir auch gleich wünschen können.«

Darauf antwortete Turno nicht, sondern ging sofort in seine Kammer, wo er das Licht anzündete. Dann machte er sich daran, im Winkel des Zimmers einen Ziegelstein aus dem Fußboden herauszuheben, unter dem er die geraubten Kostbarkeiten verbarg. Nachdem er dies mit viel Mühe vollbracht hatte, legte er sich ins Bett. Er war zwar todmüde von der großen Anstrengung, doch ließ ihn sein unruhiges Gewissen trotzdem nicht schlafen. Einmal sagte er sich: »Ich habe eine schlechte Tat begangen«, dann wieder war eine Stimme in ihm, die ihm beschwichtigend vorgaukelte: »Nein, das ist gar nicht schlimm, was du gemacht hast. Man wird kaum merken, daß ein paar Steine fehlen, und du kannst sie brauchen. Kauf dir nur gleich nach Weihnachten ein paar flotte Schuhe, einen hellgrauen Anzug, einen eleganten Kalabreserhut und ein buntes Seidenhalstuch. Aber vorher mußt du nach Florenz gehen, um ein paar Steine zu verkaufen. Sollst mal sehen, was du für einen Haufen Geld dafür einlösen wirst.« Mit solchen Gedanken schlief er endlich ein. Im Traume aber erschienen ihm die Engel, die ihn tief betrübt und vorwurfsvoll ansahen.

Ihr werdet wahrscheinlich erraten können, wer am nächsten Morgen in der Kirche von Montecornioli bei keiner Messe anzutreffen war, und wer sich bis zum Nachmittag überhaupt nicht entschließen konnte, sich im Dorfe blicken zu lassen. Sollte euch das Raten schwerfallen, kann ich noch hinzufügen, daß der Betreffende keine Schuhe an den Füßen hatte, sondern am ersten Feiertag in ziemlich ausgetretenen Zoccoli (Holzpantoffeln) spazierengehen mußte. Ja, ganz recht, das war kein anderer als unser Turno, der abermals heimlich das Haus verließ, da seine Mutter sich in die Vesper begeben hatte. Sie ahnte schon, daß mit ihrem Jungen etwas Besonderes los war, doch wollte sie ihm Zeit lassen, sich auf das Rechte zu besinnen. Sie hoffte, er würde von selbst zu ihr kommen, ihr anvertrauen, wenn er etwas Schlimmes angerichtet haben sollte.

Als Turno im Begriff stand, einen Gang ins Freie zu unternehmen, begegneten ihm ein paar Kinder, die sich über das Weihnachtsfest unterhielten. Er hörte, wie sie einander erzählten, es seien in allen Häusern Engel dagewesen, die besonders den Armen reichliche Geschenke gebracht hätten. Die Engel seien von oben, vom Berge herab, gekommen, aus der Gegend, wo das Wunderhäuschen stünde. Da wußte Turno genug. Er ging schnurstracks dem Walde zu, um nur keinem Menschen zu begegnen. Oh, wie er sich schämte! Er hatte sich an den Gaben, die für die Armen bestimmt waren, vergriffen, und das tat ihm sehr leid. Wie war es nur möglich, diese böse Tat wiedergutzumachen? Und in welch üblen Ruf würde die arme Mutter kommen, wenn sein abscheuliches

Unrecht bekannt wurde? Turno wagte gar nicht, sich das auszudenken, und fühlte sich doch gezwungen dazu. Bis gegen Mitternacht irrte er im Walde umher, ohne auch nur Hunger oder Durst zu empfinden.
Da er sich endlich entschloß, nach Hause zu gehen, hörte er plötzlich über sich in den Bäumen ein Rauschen wie von Flügeln. Er blickte hinauf und erstarrte fast vor Schreck, als eine ungeheuer große Fledermaus mit feurigen Augen ihm erschien und ihn ansprach: »Höre, Turno, du hast dem Teufel einen großen Dienst erwiesen, indem du die Juwelen und das Gold aus dem Häuschen gestohlen hast. Wisse denn, daß es sich um den Schatz des Königs Salomo und den der Königin von Saba handelt, unermeßliche Schätze, die bei der Zerstörung Jerusalems durch Engel und fromme Menschen gerettet worden und in Sicherheit nach Montecornioli gebracht worden sind. Die Engel durften frei über die Kostbarkeiten verfügen, doch nur unter der Bedingung, daß nichts davon entwendet wird. Nun aber, da du dieses getan hast und die Engel auf keinen Fall mehr nach Montecornioli zurückkehren können, will der Feind alles Guten dich hoch belohnen. Der Teufel selbst gestattet dir, nach Belieben in die Höhle zurückzukehren und dir anzueignen, was immer dir zu nehmen gefallen wird. Sogar das Zepter des Königs Salomo und die Krone der Königin von Saba soll dein eigen sein, wenn du fortan nur dem Bösen treu bleiben wirst.«
»Nein! Nein! Nein!« So schrie Turno laut auf, sank in die Knie und machte das Segenszeichen des Kreuzes, worauf das Ungetüm von Fledermaus, wie vom Blitz getroffen, auf die Erde fiel, die sich sofort öffnete, so daß ein tiefes Loch entstand, in dem die Fledermaus spurlos verschwand, während das tiefe Loch noch heutigentags zu sehen ist, und je-

dermann, der hier vorbeigeht, gibt acht, daß er nicht hineinfällt.
Als Turno zu seiner Mutter kam, war diese über sein elendes Aussehen so erschrocken, daß sie tiefes Mitleid mit ihrem Sohne empfand. Er indessen war nicht fähig, auf ihre teilnehmenden Fragen zu antworten. Er war offensichtlich schwer erkrankt. Verwirrt und fiebernd, mußte er sich ins Bett legen. Die Mutter ließ sogleich den Arzt rufen. Der aber konnte ihm nicht helfen, denn der Körper war nur krank, weil vor allem Turnos Seele krank war. Doch wurde dies nicht sogleich erkannt, und so blieb der arme Turno wochenlang ohne Hilfe, nur von seiner Mutter treu gepflegt.
In dieser Zeit soll man auf dem Gipfel von Montecornioli zwei Dämonen gesehen haben, die als beflügelte Ungeheuer jeden Abend und wahrscheinlich die ganze Nacht hindurch ihr Wesen getrieben haben. Wer sich in die Nähe des Wunderhäuschens wagte, wurde durch einen widrigen Schwefelgeruch beinahe erstickt. Es ließ sich kaum mehr atmen in dieser Gegend. Die Kunde von der Erscheinung der Dämonen wurde dem Abte von Camaldoli, dem frommen Romuald, gebracht, der gemeinsam mit einigen Mönchen sich an den verrufenen Ort begab, um durch Aussegnung der ganzen Gegend den bösen Geist zu bannen. Doch alles Segnen half leider nicht viel. Es wurden Fasten und Gebete der ganzen Gemeinde auferlegt, was für die Leute eine gute Übung war, aber die Dämonen ließen sich dadurch nicht verscheuchen.
Turno lag so schwer krank, daß die Mutter ihn am Ende seines Lebens glaubte. Sie ließ daher einen Priester kommen, der ihn durch eine gute Beichte und durch die heilige Kommunion mit dem lieben Gott versöhnen sollte. Es war ein Bruder aus dem Kloster von Camaldoli, der die Gnadenga-

be besaß, sofort den Zustand Turnos zu erkennen. Kaum hatte Turno eine reumütige Beichte abgelegt und das geraubte Gut unter die Armen verteilt, als er auch schon völlig gesund wurde. Danach soll er eine Pilgerfahrt nach Verna gemacht haben, wo er drei Tage über unablässig im Gebete verblieb. Ferner, so erzählt man, soll er die Madonna von San Fedele besucht und danach noch einen Bußgang nach Camaldoli unternommen haben. Hier, im Kloster von Camaldoli, ist er als Laienbruder aufgenommen worden, und als solcher hat er sein ferneres Leben in großer Frömmigkeit verbracht. Einen Teil der Juwelen legte Turno zu Füßen des Altares bei der Gottesmutter von San Fedele nieder. Das Halsband und das Diadem, das Unsere Liebe Frau an hohen Festtagen schmückt, soll aus dem Schatze jenes sagenhaften Wunderhäuschens stammen. Die Dämonen hat man seit jener Zeit nie wiedergesehen, aber leider die lieben Engel auch nicht mehr, und darum sieht es auch jetzt mit den Weihnachtsgeschenken recht dürftig aus.
»Schade, wie schade!« seufzten die Kinder im Kaminwinkel, die der Erzählung gelauscht hatten.
»Ja, das ist wirklich schade«, gab die Nonna zu, »es wird sicherlich den Engeln selbst leid tun, daß sie nicht mehr kommen dürfen.«
»Sie können doch auch ohne Geschenke kommen«, meinte Michael. »Wenn ein kleiner Engel kommt, der noch spielen mag, darf ich ihm dann meinen Ball schenken? Weil doch Weihnachten ist. Ich habe zwei Bälle. Darf ich wohl einen weggeben, Nonna?«
»Gewiß, mein Liebling, aber gib ihn nur dem Nachbarskind, dem kleinen Tittino. Dann freut sich der Engel noch mehr, als wenn er ihn selbst bekäme.«

Nicola, ein pfiffiges Bürschlein von zehn Jahren, ergriff das Wort: »Nonna, du erzählst schon gut, aber ich kann doch nicht recht an deine Geschichte glauben.«

»Ich glaube auch nicht daran«, erklärte Francesca, ein fünfjähriges Mädelchen, das auf dem rechten Knie des Onkels Cecco saß, während Michael sich auf dem linken plaziert hatte.

»Warum glaubt ihr denn nicht an die Geschichte? Erzählt uns das doch einmal, warum nicht?« forschte Cecco.

»Die Engel hätten es sich einfach nicht gefallen lassen dürfen, daß die braven Kinder des schlimmen Turnos wegen nichts zu Weihnachten bekommen.«

»Ja, es ist wahr. Und jetzt sind wir das ganze Jahr artig und nicht ein einziger Engel beschenkt uns dafür.« Das war Nicolas Meinung.

»So, so ist das also?« scherzte Cecco, »das wußte ich gar nicht, daß das Bravsein bezahlt werden muß. Das könnte für Papa und Mama eine kostspielige Angelegenheit werden, und die ganz armen Eltern, die nur Brot, Milch und Polenta haben, wären ja sehr zu bedauern, wenn sie auch noch das Geld fürs Bravsein der Kinder aufzubringen hätten.«

»So meinen wir das nicht. Nein, ganz so nicht. Aber ein kleines bißchen muß das Bravsein doch bezahlt werden. Es ist auch anstrengend, manchmal.«

»Freilich. Und gib nur acht, daß es nicht deine Kräfte übersteigt.« Alle lachten.

Dann kam die Rede auf die Dämonen, an die zu glauben die Kinder auch wenig Lust bezeigten. Die schon dreizehnjährige Julia erklärte: »Man erzählt schöne Geschichten zur Unterhaltung und zur Belehrung. Es muß nicht alles buchstäblich wahr sein. Mit den Dämonen ist auch nur das Böse gemeint, das im Menschen sein kann, und wenn er die Dämonen vor sich zu sehen glaubt, ist es vielleicht nur eine Warnung, besser auf sich achtzugeben. Wenn man betet und nichts Böses tut, geben die Engel schon acht, daß keine Dämonen kommen, nicht wahr, Nonna?«

»So ist es, Kinder. Die Engel sind um uns, auch wenn wir sie nicht sehen.«

»Gut, daß die Engel da sind«, riefen die Kinder, und in diesem Augenblick wurde die Tür geöffnet, und die Familie kam aus der Kirche zurück.

Jede der Mütter hatte für jedes der Kinder ein Häuflein Anisplätzchen mitgebracht.

»Seht da, unsere Engel«, rief Julia mit ihrer fröhlichen Stimme, indem sie ihre Mama dankbar umarmte.

»Und dies hier ist mein Engel«, jubelte der kleine Michael, sich glücklich an sein Mütterchen schmiegend, das ihrem Liebling einen Kuß gab und ihm gleich danach ein Anisplätzchen in den Mund schob.

Man saß noch ein Weilchen, sich am Feuer wärmend, plaudernd um den Kamin, den traulichen Frieden des Hauses genießend. Dann ging groß und klein schlafen, und die Kinder mögen geträumt haben von Engeln mit und ohne Flügel.

DINO BUZZATI
Zuviel Weihnachten

»Entsinnst du dich noch«, fragte im Paradies der Tiere die Seele des Eselchens die Seele des Ochsen, »entsinnst du dich noch zufällig jener Nacht vor vielen Jahren, als wir in einer Art Hütte standen, und gerade dort in der Krippe ...?«

»Laß mich nachdenken! Ja richtig«, bestätigte der Ochse, »in der Krippe lag ein neugeborenes Kind. Wie hätte ich das vergessen können? Es war ein so schönes Kind.«

»Seit damals, wenn ich nicht irre«, sagte nun das Eselchen, »weißt du, wie viele Jahre seit damals vergangen sind?«

»Wo denkst du hin, ich mit meinem Ochsengedächtnis.«

»Eintausendneunhundertsechzig.«

»Was du nicht sagst!«

»Weißt du übrigens, wer das Kind gewesen ist?«

»Wie soll ich das wissen? Es waren doch Leute auf der Durchreise. Gewiß ein wunderschönes Kindlein. Merkwürdig, daß es mir nie aus dem Sinn gekommen ist, und dabei schienen seine Eltern doch ganz gewöhnliche Menschen. Sag mir, wer war es?«

Das Eselchen flüsterte etwas ins Ohr des Ochsen.

»Aber nein«, sagte dieser verblüfft, »wirklich? Du scherzt doch wohl nur?«

»Nein, es ist die reine Wahrheit. Ich schwöre ... übrigens hatte ich es schon damals sofort verstanden.«

»Ich nicht, ich gebe es zu«, sagte der Ochse, »aber du bist eben intelligenter als ich. Ich habe es nicht einmal geahnt. Obwohl es wirklich ein wunderschönes Kind war.«

»Nun gut, seit damals feiern die Menschen jedes Jahr ein

großes Fest zu seinem Geburtstag. Es gibt keinen schöneren Tag für sie. Wenn du sie nur sehen könntest. Es ist eine Zeit allgemeiner Heiterkeit, der Seelenruhe, der Sanftmut, des Friedens, der Familienfreuden, des Sichgernehabens. Selbst Mörder werden zahm wie Lämmer. Weihnacht nennen es die Menschen. Übrigens, mir kommt ein guter Gedanke. Da wir schon davon sprechen, soll ich sie dir zeigen?«
»Wen?«
»Die Menschen, die Weihnachten feiern.«
»Wo?«
»Unten auf der Erde.«
»Warst du schon einmal dort?«
»Jedes Jahr mache ich einen Sprung hinunter. Ich habe einen besonderen Passierschein. Aber ich denke, du wirst auch einen bekommen, denn nach allem könnten wir zwei wohl auch auf etwas Anerkennung Anspruch erheben.«
»Weil wir das Kindlein damals mit unserem Atem wärmten?«
»Komm, beeile dich, wenn du nicht das Beste versäumen willst. Heute ist Heiliger Abend.«
»Und mein Passierschein?«
»Sofort gemacht, ich habe einen Vetter im Paßamt.«
Der Passierschein wurde bewilligt. Sie setzten sich in Bewegung, und unendlich leicht, wie es körperlosen Säugetieren eigen ist, schwebten sie vom Himmel auf die Erde. Bald entdeckten sie ein Licht und hielten darauf zu. Aus einem wurden Tausende, es war eine riesenhafte Stadt.
Und da durchwanderten nun Eselchen und Ochse, unsichtbar, die Straßen des Zentrums. Da es sich um Geister handelte, fuhren Autobusse, Automobile, Straßenbahnwagen durch sie hindurch, ohne Schaden anzurichten, und selbst

durch Mauern war es ihnen gegeben zu gehen, als ob sie Luft wären. So vermochten sie alles nach Herzenslust zu betrachten.

Es war wirklich ein eindrucksvolles Schauspiel: Tausende von Lichtern in den Schaufenstern, Blumengewinde, Girlanden, unzählige Tannenbäume; die ungeheure Stauung der Wagen, die sich abmühten, durch enge Straßen zu fahren, und das wirblige Gewimmel und Hin und Her der Menschen, die sich in den Läden drängten, hinein- und wieder herausströmten, sich mit Paketen und Paketchen beluden und alle gespannte Gesichter hatten, als würden sie gejagt. Das Eselchen schien bei diesem Anblick wie verzückt, während der Ochse sich voller Entsetzen umsah.

»Höre, Freund Eselchen, du hast mir gesagt, daß du mir Weihnachten zeigen wolltest! Du hast dich wohl geirrt. Ich sage dir, hier ist doch Krieg!«

»Siehst du denn nicht, wie zufrieden alle sind?«

»Zufrieden? Mir kommen sie wie Wahnsinnige vor. Sieh doch auf ihre besessenen Gesichter, ihre fiebrigen Augen.«

»Du bist eben ein Provinzler, mein lieber Ochse, und du bist nie aus dem Paradies herausgekommen. Du verstehst die modernen Menschen nicht. Um sich zu unterhalten, um sich zu freuen, um sich glücklich zu fühlen, haben sie es nötig, ihre Nerven zu ruinieren.«

Laufburschen auf Fahrrädern, die gefährlich große Paketbündel balancierten, zogen vorbei; Lieferwagen wurden be- und entladen; riesige Mengen von Süßigkeiten und Berge von Blumen lösten sich unter dem Ansturm keuchender Menschen auf; Lampen blitzten und verloschen; seltsame Lieder, die Schreien ähnelten, dröhnten von allen Seiten. Dank seiner körperlosen Natur flog der Ochse neugierig zu einem

Fenster im siebten Stock hinauf. Das Eselchen folgte gutmütig.
Sie sahen in ein reichmöbliertes Zimmer, wo eine sorgenvolle Dame vor einem Tisch saß. Linker Hand lag ein Haufen von fast einem halben Meter farbiger Karten und Kärtchen aufgebaut und rechts von ihr ein Stoß weißer Billetts. Die Dame, sichtlich bemüht, keine Minute zu verlieren, nahm hastig ein farbiges Kärtchen, betrachtete es einen Augenblick lang, sah in einem dicken Buch nach und schrieb sodann etwas auf eines der weißen Billetts, steckte es in einen Umschlag, schloß den Umschlag, dann nahm sie vom linken Stoß ein neues buntes Kärtchen und wiederholte die ganze Prozedur. Ihre Hände bewegten sich so schnell, daß man ihnen kaum folgen konnte. Aber der Haufen bunter Kärtchen hatte einen eindrucksvollen Umfang. Wie lange würde sie wohl brauchen, um alles zu erledigen? Man sah es der Unglücklichen an, daß sie fast nicht mehr konnte, und dabei war sie erst am Anfang.
»Hoffentlich bezahlen sie sie wenigstens gut für solche Schufterei«, sagte der Ochse.
»Bist du naiv, lieber Freund! Das ist eine außerordentlich reiche Dame aus der besten Gesellschaft.«
»Und warum arbeitet sie sich dann zu Tode?«
»Sie arbeitet sich gar nicht zu Tode, sie antwortet nur auf Glückwunschkarten.«
»Glückwunschkarten? Was nützen die?«
»Nichts, absolut nichts. Aber wer weiß, warum, die Leute haben jetzt eine besondere Vorliebe dafür.«
Sie sahen in ein anderes Zimmer hinein. Auch da saßen Leute mit Schweißperlen auf der Stirn und in Aufregung und schrieben Glückwünsche auf Glückwunschkarten. Überall,

wo die beiden Tiere hineinschauten, richteten Männer und Frauen Päckchen, schrieben Adressen, liefen ans Telephon, eilten blitzschnell von einem Zimmer ins andere, Schnüre, Bänder, Kärtchen, Gehänge tragend, während junge Dienstboten mit von Müdigkeit gezeichneten Gesichtern weitere Päckchen, weitere Schachteln, weitere Blumen und neue Stöße von Briefen, Rollen, Kärtchen und Bogen herbeischleppten. Und alles war Hast, Aufregung, Verwirrung, Mühe und eine schreckliche Anstrengung.

Überall, wo sie hinkamen, zeigte sich ihnen dasselbe Schauspiel. Kommen und Gehen, Kaufen oder Verpacken, Absenden oder Empfangen, Einwickeln, Auswickeln, Rufen und Antworten. Und alle blickten immer nach der Uhr, alle hasteten, alle keuchten von Furcht besessen, nicht zur Zeit fertig zu werden, jemand brach zusammen, schnappte nach Luft unter der immer größer werdenden Flut der Pakete, Päckchen, Kärtchen, Kalender, Geschenke, Telegramme, Briefe, Karten, Billetts und so weiter.

»Du hast mir doch gesagt«, bemerkte der Ochse, »daß es ein Fest der Heiterkeit, des Friedens und der Seelenruhe sei.«

»Tja«, antwortete das Eselchen –, »einmal war es auch so. Aber was soll ich dir sagen, seit einigen Jahren scheinen die Menschen beim Nahen des Weihnachtsfestes wie von einer geheimnisvollen Tarantel gestochen und verstehen rein gar nichts mehr. Hör ihnen doch zu.«

Verwundert hörte der Ochse hin. In den Straßen, den Geschäften, den Büros, den Fabriken sprachen die Menschen schnell miteinander und wechselten, wie Automaten, monotone Redensarten: »Fröhliche Weihnachten« – »Gesegnete Weihnachten« – »Danke, auch Ihnen« – »Fröhliche Weihnachten« – »Gesegnete Weihnachten« – »Danke« – »Fröh-

liche Weihnachten« – »Fröhliche Weihnachten« … Es war ein Geflüster, das die ganze Stadt erfüllte.
»Glauben sie denn daran?« fragte der Ochse. »Meinen sie es wirklich so? Lieben sie ihren Nächsten?«
Das Eselchen schwieg.
»Wollen wir nicht etwas abseits gehen?« schlug der Ochse vor, »der Kopf brummt mir, und ich habe Sehnsucht nach dem, was du Weihnachtsstimmung nennst.«
»Im Grunde auch ich«, gab das Eselchen zu.
So schlüpften sie durch die wirbelnden Schleusen der Wagen, entfernten sich ein wenig vom Zentrum, von den Lichtern, dem Lärm, der Raserei.
»Du, der mehr davon versteht als ich«, begann der Ochse, immer noch wenig überzeugt, »sag mir doch, bist du wirklich sicher, daß das dort keine Verrückten sind?«
»Nein, nein, es ist eben einfach Weihnachten.«
»Dann ist dort zuviel Weihnachten. Erinnerst du dich noch damals in Bethlehem an die Hütte, die Hirten und das schöne Kind? Auch dort war es kalt, aber welcher Frieden, welche Zufriedenheit. Wie anders war es damals.«
»Ja, und die fernen Klänge des Dudelsacks, die man nur ganz leise hörte.«
»Und das sanfte Flügelschlagen auf dem Dach. Was für Vögel das wohl waren?«
»Vögel? Aber nein doch, Engel waren es.«
»Und die drei reichen Herren, die Geschenke brachten, entsinnst du dich noch ihrer? Wie wohlerzogen sie waren, wie leise sie zusammen sprachen, welch vornehme Leute. Könntest du dir sie heute in diesem Rummel vorstellen?«
»Und der Stern? Denkst du noch an den hellen Stern, der damals gerade über der Hütte stand? Ob es ihn wohl

heute noch gibt? Sterne haben doch meist ein langes Leben.«

»Ich fürchte nein«, sagte der Ochse skeptisch, »es sieht so wenig nach Sternen hier aus.«

Sie hoben ihre Köpfe, und wirklich, man sah nichts. Über der Stadt lag eine Decke dichten Nebels.

QUELLENVERZEICHNIS

Andersen, Hans Christian (1805-1875)
Der Tannenbaum, S. 137
Das kleine Mädchen mit den Schwefelhölzern, S. 124
Aus: Hans Christian Andersen, Weihnachts- und Wintermärchen. Herausgegeben von Ulrich Sonnenberg. © Insel Verlag Frankfurt am Main und Leipzig 2000

Ball-Hennings, Emmy (1885-1948)
König Salomos Zepter und die Krone der Königin von Saba, S. 191
Aus: Märchen am Kamin. Erzählt von Emmy Ball-Hennings. © Insel Verlag Frankfurt am Main 1986

Bernhard, Thomas (1931-1989)
Von sieben Tannen und vom Schnee ... Eine märchenhafte Weihnachtsgeschichte, S. 152
Aus: Thomas Bernhard, Werke. Band 14. Erzählungen, Kurzprosa. Herausgegeben von Hans Höller, Martin Huber und Manfred Mittermayer. © Suhrkamp Verlag Frankfurt am Main 2003

Büchner, Luise (1821-1877)
Die Geschichte vom Christkind und vom Nikolaus, S. 159
Aus: Luise Büchner, Weihnachtsmärchen. Forumverlag, Riedstadt 1997

Buzzati, Dino (1906-1972)
Zuviel Weihnachten, S. 208
Aus: Dino Buzzati, Ochs und Esel besuchen die Erde. Deutsche Übersetzung von Elisabeth Schnack. © by nymphenburger in der F. A. Herbig Verlagsbuchhandlung GmbH, München

Christie, Agatha (1890-1976)
Der unfolgsame Esel, S. 63
Aus: Agatha Christie, Es begab sich aber ... Bezaubernde Geschichten von himmlischen und irdischen Wundern, die immer und überall geschehen können. Aus dem Englischen von Lia Franken. Copyright © 1965 by Agatha Christie Ltd. Alle Rechte vorbehalten Hoffmann und Campe Verlag, Hamburg. © der deutschen Übersetzung: S. Fischer Verlag GmbH, Frankfurt am Main 2003

Hughes, Richard (1900-1976)
Der Weihnachtsbaum, S. 135
Aus: Richard Hughes, Das Walfischheim. Märchen. Übertragung von Käthe Rosenberg. © Suhrkamp Verlag Frankfurt am Main 1953

Kaschnitz, Marie Luise (1901-1974)
Wenn's wieder geschähe – wie vor langer Zeit, S. 183
Aus: Marie Luise Kaschnitz, Werke in sieben Bänden. Herausgegeben von Christian Büttrich und Norbert Miller. Vierter Band: Die Erzählungen. © Insel Verlag Frankfurt am Main 1983

Lagerlöf, Selma (1858-1940)
Die Heilige Nacht, S. 15
Aus: Die Heilige Nacht, in: Geschichten zur Weihnachtszeit. Aus dem Schwedischen von Marie Franzos. © 1967 by nymphenburger in der F. A. Herbig Verlagsbuchhandlung GmbH, München

Kyber, Manfred (1880-1933)
Der kleine Tannenbaum, S. 131
Aus: Manfred Kyber, Gesammelte Märchen. Christian Wenger Verlag, Hamburg 1949

Supervielle, Jules (1884-1960)
Der Ochs und der Esel im Stall zu Bethlehem, S. 22
Aus: Jules Supervielle, Das Kind vom hohen Meer und andere Erzählungen. Manesse Verlag, Zürich 1980. Die Rechte an der deutschen Übersetzung von Guido Meister liegen beim Manesse Verlag, Zürich, in der Verlagsgruppe Random House GmbH, München.

Timmermans, Felix (1886-1947)
Sankt Nikolaus in Not, S. 168
Aus: Felix Timmermans, Der Heilige der kleinen Dinge und andere Erzählungen. © Insel Verlag Frankfurt am Main 1974

Waggerl, Karl Heinrich (1897-1973)
Worüber das Christkind lächeln musste, S. 54
Der störrische Esel und die süße Distel, S. 59
Aus: Karl Heinrich Waggerl, Und es begab sich ... © Otto Müller Verlag, 51. Auflage, Salzburg 1986

Der goldene Schlüssel, S. 11
Aus: Kinder- und Hausmärchen, gesammelt durch die Brüder Grimm. In drei Bänden. Band 3. Mit Zeichnungen von Otto Ubbelohde. Insel Verlag Frankfurt am Main 1974

Der neidische Hund. Legende aus dem Stall, S. 46
Aus: Tilmann Kleinau (Hrsg.): Weihnachtsspuk. Weihnachtliche Geschichten aus Schottland. Deutsch von Tilmann Kleinau. © 1997 dtv Verlagsgesellschaft mbH & Co. KG, München

Der Weg ins Himmelreich. Ein Märchen aus Dänemark, S. 121
Aus: Dänische Märchen. Herausgegeben und übersetzt von Heinz Barüske. © Insel Verlag Frankfurt am Main und Leipzig 1993

Die Geschichte vom weißen Schaf. Ein Märchen aus Schottland, S. 114
Aus: Schottische Märchen. Herausgegeben und übersetzt von Christiane Agricola. © Insel Verlag Frankfurt am Main und Leipzig 1991

Die Mühle auf dem Meeresgrunde. Ein Märchen aus Norwegen, S. 75
Aus: Norwegische Märchen. Herausgegeben von Hans-Jürgen Hube. Aus dem Norwegischen übertragen von Hans-Jürgen Hube und Friedrich Bresemann © Insel Verlag Frankfurt am Main und Leipzig 1992

Die Tannen der heiligen Aurelia. Ein Märchen aus dem Elsaß, S. 149
Aus: Sagen und Märchen aus dem Elsaß. Herausgegeben von Ulla Schild. Eugen Diederichs Verlag, München 1991 © Dr. Ulla Schild

Die verzauberte Kröte, Ein Märchen aus Schweden, S. 100
Aus: Schwedische Märchen. Herausgegeben und übersetzt von Hans-Jürgen Hube. © Insel Verlag Frankfurt am Main und Leipzig 1992

Hildur, die Königin der Elben. Ein Märchen aus Island, S. 81
Aus: Isländische Märchen. Herausgegeben und übersetzt von Heinz Barüske. © Insel Verlag Frankfurt am Main und Leipzig 1994.

In Hülle und Fülle. Ein Märchen aus Dänemark, S. 59
Aus: Dänische Volksmärchen 2. Nach bisher ungedruckten Quellen erzählt von Svend Grundtvig. Übersetzt von Adolf Strodtmann. Joh. Barth, Leipzig 1879

Verlag und Herausgeberin haben sich bemüht, die Inhaber der Rechte an den hier abgedruckten Texten ausfindig zu machen. Sollte dies nicht in allen Fällen gelungen sein, erklären wir uns nach den üblichen Regularien zur Abgeltung der Rechte bereit, falls diese nachgewiesen werden können.